高增长

企业长青的八个基因

李青东 著

中国商业出版社

图书在版编目（CIP）数据

高增长：企业长青的八个基因 / 李青东著. -- 北京：中国商业出版社，2019.12
ISBN 978-7-5208-1021-0

Ⅰ.①高… Ⅱ.①李… Ⅲ.①企业管理-研究 Ⅳ.①F272

中国版本图书馆CIP数据核字(2019)第271429号

责任编辑：张新壮　张盈

中国商业出版社出版发行
010-63180647　www.c-cbook.com
（100053　北京广安门内报国寺1号）
新华书店经销
北京富泰印刷有限责任公司印刷

*

710毫米×1000毫米　16开　13印张　186千字
2020年7月第1版　2020年7月第1次印刷
定价：58.00元

****

（如有印装质量问题可更换）

前言
Preface

2018年,一则基因编辑婴儿的报道刷爆了媒体。所谓基因编辑,指的是人类对目标基因进行"编辑",实现对特定DNA片段的敲除、加入等技术。从这个角度来说,如果不考虑道德人伦、法律法规等因素,单纯从技术角度而言,人类迟早会拥有"创造生物"的能力。

如果说对生命体"基因编辑"的争论还存在各种不同的声音,也存在技术上需要克服的种种难关,但对于企业家来说,要"编辑"企业的"基因",有意识地去创造和变革一家可以长青的或者说近乎完美的企业,倒是相对简单——前提是只需知道该如何改造企业的基因即可。

2019年,成立仅9年的小米公司跑步进入世界500强企业。这个最初只有13个人的公司,在如此短时间内就成为最年轻的全球500强企业之一,不得不说是一个奇迹。

不过,看起来似乎是奇迹,但深究下去,却有着其规律可循——雷军为小米公司编辑的基因,符合现代企业发展的趋势。

创立小米时,雷军曾经借用和参考了三家公司的商业模式:老字号同仁堂的真材实料,沃尔玛的低毛利、高效率的商业模式,以及海底捞的将用户当成朋友、做出超预期口碑的服务。这三个传统企业中价值观驱动企业的发展模式,奠定了小米的商业模式。换个角度说,当雷军为小米挑选和注入这三个价值观基因模式后,小米开始驱动和运营了。

我们可以看到,在智能运营上,小米的整个商业逻辑是"硬件+软件+互联网服务"相结合:通过手机,获得用户;通过用户内卷化,获得更多的生态链衍生收入。

由于之前从手机获得用户的认可，小米一旦快速布局了生态链，就引来各方质疑。人们怀疑，小米是否还会像当初一样对产品更专注。此时，雷军通过个人公众号发布了公开信，阐述了小米做生态链的初衷，是因为手机这种平台型的硬件产品从来都是多维竞争而不是卖多少台手机，因此，小米建立生态链从本质上来说，是为了更好地做手机，当然也是为了小米更好地发展。

此外，雷军在小米的管理上也秉承扁平化的极简管理方式。小米团队反应快速，及时放权小微创新团队，让一线工作人员有指挥权，最大程度地激发了员工潜力。

雷军40岁创立小米公司时，就提出了"专注、极致、口碑、快"这著名的互联网七字箴言，受到了互联网公司的追捧，其独创的小米商业模式也成为了行业的标杆。

雷军认为，小米之所以成功，并不只是因为小米团队的勤奋和智慧，更多的是因为小米的发展。小米一路走来，都是顺势而为，能够在风口飞。然而，如果要问为什么偏偏是小米能在风口飞，答案不言而喻。从小米一开始搭建商业模式起，雷军就一直在为小米的基因进行编辑重组，并在小米的发展过程中不断调整其重点，这一切都在为小米的未来保驾护航。

从小米的发展历程我们可以看到，一家企业能否成长为行业标杆，能否找到并站在风口，非常重要的一点就是作为企业支柱的商业模式，能否为企业的发展提供恰如其分的支持，能否帮助企业顺应时代要求而发展。

从这些方面来说，如果在一开始就编辑好企业的基因，让企业的发展赢在起跑线上，那么，要打造一家站在风口飞起来的高增长型企业，其实并不很难。

目录
Contents

第 1 章 运营智能化：实现未来商业突破的关键点 _1

未来运营的核心，从根本上说，是在降低并控制运营风险的前提下，提高运营效率，实现运营创新。过去，企业提高运营效率的方式通常采用"人海战术"，随着未来商业模式向着智能化发展，"运营智能化"已是大势所趋。

1.1 有数据支撑的企业才最有竞争力 _3
1.2 吉利汽车数字化运营，让企业快速走向智能化 _6
1.3 百度新商业生态引领数字营销 3.0 时代 _10
1.4 蚂蚁金服利用 AI 完成复杂性工作 _15
1.5 德勤与商汤科技合作，为企业寻求更多可能 _23

第 2 章 产品深挖化：一把好武器打开未来胜利之门 _27

对企业来说，用户就像是关在城堡里的人，而产品的运营和营销就是如何攻下城堡，粉碎产品与用户之间隔着的城门。攻城并不是一味靠蛮力，而是要讲究方式方法。有人会采取水淹，有人会采取围城，也有人会采取从防御薄弱的地下道进入等方式。总之，方法有很多，就看如何选择正中靶心的方法了。

2.1 全面包围，不如单点突破 _29

2.2 江小白瞄准一个点，迅速进入用户心智 _31

2.3 从三只松鼠上找为什么是 A 不是 B 的答案 _34

2.4 B 站瞄准二次元，打造最佳根据地 _40

2.5 深挖凉茶潜力，王老吉动作频繁 _45

2.6 小米裂变红米，多梯级聚焦提高影响力 _49

第3章 用户内卷化：把用户变为企业的重要成员 _53

随着新商业模式的不断出现，企业意识到，在互联网时代，过去的"以企业为中心"正在向"以用户为中心"的观念转变，开始强调利己先利他的互联网思维。

3.1 阿里巴巴让用户拥有多重身份 _55

3.2 亚马逊和 eBay 的用户定位及寻找 _60

3.3 电商直播当面解决用户痛点 _67

3.4 "天猫离家出走"吸引用户关注 _71

3.5 星巴克、达美乐、网易云提高用户留存率 _79

3.6 腾讯剔除企业内卷化的方式 _92

第4章 管理极简化：负重前行的企业只会被超越 _95

企业是否具有远大的发展前景，管理也是很重要的因素。优秀的企业总是想方设法简化管理模式，通过极简化组织机构及运营流程等各个方面，轻装上阵，快速发展。

4.1 把企业做小，把未来做好 _97

4.2 价格极简：改写咖啡市场格局 _100

4.3 流程极简：华为将工作流程优化到最佳 _104

4.4　管理极简：巴菲特三步管理法 _108

4.5　公关极简：解读海底捞致歉信 _111

第5章　变革日常化：释放组织自驱红利 _115

大企业通常都会出现管理上所谓的"双杀效应"。一"杀"是员工没有工作积极性，耗死自己的同时也耗死企业；二"杀"是企业创新乏力，被外部环境扼杀而死。要想避免"双杀效应"，需要企业具备能融入日常工作的变革文化。

5.1　变革不是重点工作，是日常工作 _117

5.2　阿里在企业文化中植入变革基因 _120

5.3　华为组织结构与人员调整双驱动 _124

5.4　苹果由高层领导带动变革 _128

5.5　海尔将变革变为可执行的语言 _132

第6章　企业平台化：连接多边市场，实现多方共赢 _137

大多数企业都采取了平台化发展或转型的模式。成功者有，失败者更不少。失败的大部分原因是没有找到一条适合自己的平台打造之路。每个企业都应有独属自己的平台打造方法，既要保有自己的特色，也要懂得向外借鉴学习。

6.1　认识企业平台化的转变趋势 _139

6.2　海澜之家针对所站梯队执行平台化 _142

6.3　京东整合多方资源实现全面平台化 _146

6.4　永辉设计合伙机制，激活一线员工 _149

6.5　饿了么为平台设定付费方与补贴方 _153

6.6　美团设置平台关键盈利模式 _156

第 7 章 规则主导化：掌握话语权的企业才能走向未来 _161

德鲁克说："企业最大的危机是未能意识到市场形势已经发生变化。"未来市场形势究竟如何？毫无疑问，就是由寡头企业主导市场规则的经济格局。未来各个行业中的龙头企业将不断加大市场份额，其他企业要么被寡头企业兼并，要么被淘汰出局。

7.1　只有第一才能制定规则 _163

7.2　迪士尼打造极致用户体验 _166

7.3　老干妈定价也是定位，占位最有利价格区域 _170

7.4　大疆占领用户心智就是占领话语权 _173

7.5　老乡鸡从区域到全国，样板是关键 _176

7.6　宁德时代整合产业链，供、产、销全由自己决定 _180

第 8 章 战略生态化：企业发展下一站，就是打造利益共同体 _183

学者黄仁宇曾说，大企业只有自己的生态足够大，才能充分追踪和使用数据。中小企业也只有加入一个大生态，才能得到以自己的技术实力难以获得的创新。所以，制定未来发展的生态化战略，打造利益共同体，是企业必须要做的事情。

8.1　未来，是生态圈与生态圈的竞争 _185

8.2　小米生态化不盲目，执行前先看条件 _188

8.3　腾讯多维度吸纳新生物，提高异质性 _192

8.4　微信高互动、高投入，加强嵌入性 _195

8.5　今日头条设定合理价值分配机制，完善互惠性 _198

第1章

运营智能化：实现未来商业突破的关键点

　　未来运营的核心，从根本上说，是在降低并控制运营风险的前提下，提高运营效率，实现运营创新。过去，企业提高运营效率的方式通常采用"人海战术"，随着未来商业模式向着智能化发展，"运营智能化"已是大势所趋。

1.1 有数据支撑的企业才最有竞争力

大数据时代，企业对数据的驾驭能力决定了其核心竞争力。人们通过互联网技术获得大量数据，并在大数据分析的基础上发展人工智能。而结合了人工智能的企业，不但能促进企业的创新能力，还能提高企业的生产力。

大数据增强企业竞争力如图1-1所示：

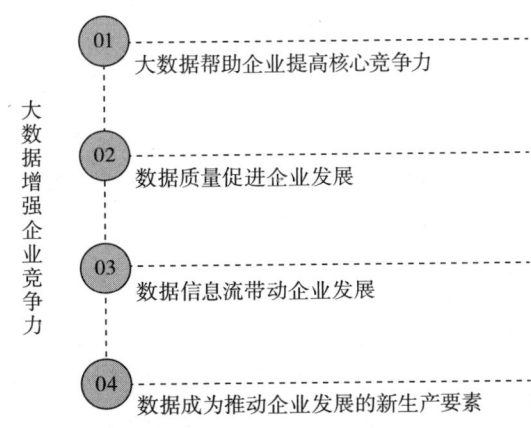

图1-1 大数据增强企业竞争力

1.1.1 大数据有利于现代企业发展

从农业经济、工业经济再到现在的数字经济，生产要素已经从劳动力、土地到技术资本，转变为数据资源和信息网络。在数字经济时代，资本更青睐掌握大量数据的企业。

平台型企业通过网络掌握大量用户数据,同时创造出活跃创新生态链。大数据在产业链上下游方面可以发挥非常重要的作用。未来,数字经济的发展、大数据产业创新都离不开大数据。

对于企业来说,掌握的有效数据越多,对数据的整合、利用能力越强,使用数据的成本越低,企业的竞争力就越强。

例如,亚马逊将每个用户的购买行为的信息数据都记录了下来,包括页面停留时间、用户是否查看评论、搜索的每个关键字,等等。通过这样的数据分析,定位客户和获取客户反馈,最终,利用这些数据,为决策提供依据,帮助运营。

亚马逊 CTO Werner Vogels 在说到企业决策和运营时,这样表示:"在此过程中,你会发现数据越大,结果越好。为什么有的企业在商业运作上不断犯错?那是因为他们没有足够的数据对运营和决策提供支持。一旦进入大数据的世界,企业的手中将握有无限可能。"

1.1.2 数据质量促进企业发展

早在 2010 年,阿里巴巴就成立了"淘宝小贷",通过对客户的订单、供货商、经营信用等全方位的评估,即使没有线下见面,也可决定是否发放贷款。而这就是基于阿里巴巴平台上大数据的挖掘所做出的决定。而所有的数据来源于"聚石塔"数据分享平台,通过共享整合阿里巴巴旗下各个子公司的数据来创造商业价值。

大数据技术升级,以及在业务场景中的深度融合,使得人们发现,不管是基础技术,还是人工智能技术、人工智能应用,都需要大数据平台和大数据存储、大数据挖掘等技术的支持。

而且有效的数据治理能够降低成本,在企业运行的安全合规和营收等方面,都有很大的作用。尤其是在个人信息数据和企业数据交流、公共资源开发开放和跨境数据流动等方面,都需要数据治理发挥作用。

因此,大数据的质量,不但关系到人工智能的发展,还关系到企业的发展。

1.1.3 数据信息透视新规则促进企业发展

传统企业在没有平台和数据的情况下,光靠技术和资金已经很难和掌握信息流的公司比拼了。在智能化水平不断提升的现在,数据已经逐渐从软件中分离出来。硬件则是根据算法和数据的特色提高运算效率,软件主要是通过算法不断创新,但这一切都是建立在算法的基础上。在积累了大量数据后,可以从数据中透视新规则。

例如,Twitter 并不是自己经营每款数据产品。它通过将数据授权给类似于 DataSift 这样的数据服务公司,做出各种非常特别的应用,包括从社交检测到医疗应用,甚至还能追踪流感疫情爆发。

1.1.4 推动企业发展的新生产要素

过去的企业,信息化过程比较复杂。现在数据的获取和存储,已经有了专门的产业链,数据对于产业的转型升级,促进业态创新发展有积极作用。而且,很多企业活动即使受到物理空间的辖制,但是因为有了网络空间,企业活动也能够降低成本,拓宽市场范围,提高业务能力。

例如,美国第三大零售商塔吉特,通过分析女性客户购买记录数据,发现女性客户在怀孕四个月左右会大量购买无香味乳液,因而不但制作出"怀孕预测"的指数,还挖掘出 25 项与怀孕高度相关的商品。通过这种模式,精准"预测"出目标客户后,就能抢先一步,将孕妇装、婴儿床等折扣券寄给客户。不仅如此,一旦用户从店铺里购买了婴儿用品,塔吉特还会在接下来的时间里,根据婴儿的生长周期定期给客户推送相关产品,最终培养了客户的忠诚度。

1.2 吉利汽车数字化运营，让企业快速走向智能化

在数字经济时代，汽车行业已经逐渐从"硬件发展"转变到"软件和解决方案"的发展。据 Frost Sullivan 的《汽车行业的数字化转型》中所提到的，全球汽车行业对数字化建设的投入，2020 年时预计可达到 820 亿美元。

我们已经看到，大部分汽车制造商已经将"汽车智能制造、智能营销、智能驾驶"看作未来企业发展的主要方向。而吉利集团，更是将数字化视为企业业务和管理赋能的转型手段，并提出到 2020 年跻身全球汽车企业前十强，成为最具竞争力和受人尊敬的中国汽车品牌的目标。

1.2.1 数字工厂建立前必须解决的问题

在吉利集团数字化工厂建立之前，将精力更多地花在数字化标准体系建立、平台搭建及规范、资源数据库搭建以及业务数据库规范管理等方面。通过这些前期的开发研究，吉利集团解决了两个问题（图 1-2）：

图 1-2　吉利数字化工厂建立前解决的问题

(1) 工艺的标准化

2018年上半年，吉利集团在国内十几个基地同时生产汽车。为了保证工艺和设备的标准化，吉利汽车国内所有基地都实现了工厂3D化可视操作，不但在电脑端就能控制工厂的静态可视化操作，而且还能对工厂进行网格化的监控管理，随时查看设备的运行状态、生产图纸和工艺步骤。

这一技术，使吉利集团最终可以实现对规划人员、操作人员、维修人员等全方位设备监控。

(2) 数据的有效挖掘和使用

在实际操作中，大约99%的大数据都是无效的，只有1%的大数据能为企业带来生产制造、提升、预防维护等作用。

为了获得这1%的有效大数据，截至2018年上半年，吉利集团已经和包括西门子、阿里巴巴、百度、英特尔等都建立了联系，实现在工业大数据上的探索和研究，并最终从整个生产的实时数据获得自我定义数据，再对数据进行分析挖掘，获得最佳参数。

1.2.2 布局数字化工厂

虽然吉利集团投资数字化布局耗资巨大，但是一旦实施，整个集团的相关成本就能大幅度降低。根据吉利集团的规划，不管是沃尔沃、领克，还是收购的马来西亚的品牌；不管是老基地还是新基地，吉利集团都会部署数字工厂，并且在达到销量和产能的同时，关注产品和服务的升级。

根据浙江吉利控股集团有限公司制造工程（ME）中心数字化工厂部部长张喆，关于《吉利汽车数字化转型、精益运营、数字化管理和智能物流的发展》的发言内容，我们可以总结出，吉利的数字化布局可以从四个方面分析（如图1-3所示）。

(1) 生产物流数字化

吉利集团从2017年开始做工厂物流，不但对3D物流模型进行搭建，还对交通路口、能耗进行计算和仿真监控，并与实际数据进行对比。这一过程，主要是通过打造数字化工厂，利用信息和自动化、智能化的技术，

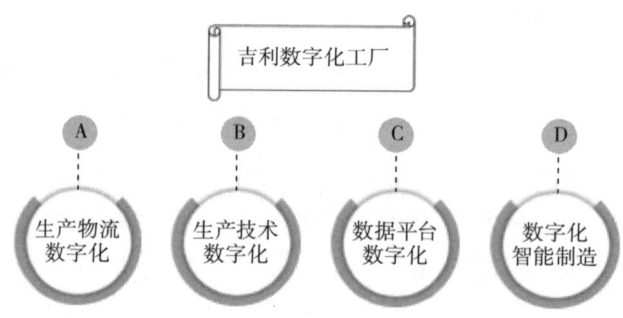

图1-3 吉利的数字化工厂

提高企业竞争力。

由于有了生产端数据的及时获取和挖掘，数字化工厂能够对这些数据进行筛选应用，达到帮助生产流程化，支持仿真业务开展等目的。

生产物流数字化，从数字创新制造端数据挖掘的角度来说，有"最优生产、仿真工程、工艺统一"这三个流程（如图1-4所示）。

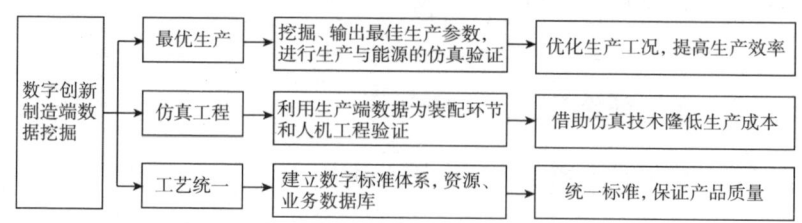

图1-4 数字创新制造端数据挖掘主要流程

最优生产，是指挖掘、输出最佳生产参数，进行生产与能源的仿真验证。通过这个流程，达到优化生产工况、提升生产效率的目的。

仿真工程，是指利用生产端数据为装配环节和人机工程验证，达到借助仿真技术降低生产成本的目的。

工艺统一，是指建立数字标准体系，包括资源、业务数据库，达到统一标准，保证产品质量的目的。

（2）生产技术数字化

吉利集团数字化工厂的仿真业务，包括对冲压车间验证、焊装车间的全线体验,以及对喷涂工序的模拟等。经过两年的探索研究,目前已经能将现场和仿真之间的差距缩小到 3 毫米。这意味着吉利集团的数字化双胞胎现场和仿真,已经可以在小范围工厂里实施了。实际上,从 2019 年开始,吉利所有的对外合作项目,都会在技术协议里面明确,要求供应商进行虚拟技术调试技术的部署。

(3) 数据平台数字化

在仿真工作的基础上,吉利在 2018 年年初,就已经部署了 elematics 平台,和另一个预计在 2020 年逐步进行切换的 TCenvironment 平台。截至 2018 年上半年,吉利集团的数字化工厂已经对点云平台、标准体系、工作流程都进行了开发。

(4) 智能制造数字化

2019 年,吉利集团将整个数字化工厂的经验系统,全部统计进经验库系统中,将 ERP、AI 系统,等等,共同打造成经验库系统,并通过平台的系统将这些经验串联到数字化平台中。

为了提高客户体验度,除了在 IE 平台开发外,所有数字化系统都可以通过安卓和苹果系统进行开发,使得客户在手机上就能对吉利数字化系统进行访问。

1.3 百度新商业生态引领数字营销3.0时代

在2018年百度世界大会商业生态论坛上,百度对外公开宣布,百度将会通过智能投放、智能运营和智能交互,引领营销智能化的AI行业变革。

1.3.1 2016年百度云战略智能化升级

回顾百度战略智能化升级,我们可以看到,2015年,对于任何一家大型互联网公司来说,都已经意识到云计算将会是战略型产品。2016年7月,在百度云计算战略发布会上,李彦宏首次为云计算站台,提出了"云计算+大数据+人工智能"三位一体的发展战略理论,提出了"人与信息的双擎驱动"理念,赋予了云计算更多的内容,如图1-5所示:

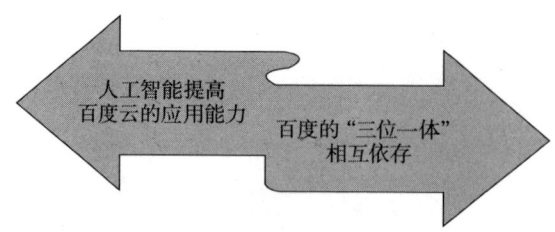

图1-5 百度云计算的战略智能升级

(1)人工智能提高百度云的应用能力

作为百度技术对外输出的平台百度云,其技术价值已经不仅仅是"利用服务器集群,对资源集中管理,以实现计算成本的降低"这些基本功能了。更多技术价值体现在百度云计算和人工智能结合后,智能化技术对应新应用,例如,百度外卖"智能物流3.0"体系,通过提供云计算和人工智能集合，可以实现 30 分钟内 200 份口味不同的星巴克咖啡的外卖订单。此外，百度云技术还解决了海量数据存储和分析。例如，百度智能大数据生命科学解决方案，有效地解决了基因测序和生命科学研究数据和分析的需求。这正是百度云技术只能大数据平台"天算"的新能力。

（2）百度的"三位一体"相互依存

无论是云计算、大数据还是人工智能，彼此之间都是互相依赖的。

云计算能将计算变成资源，通过对硬件资源的虚拟化，使这种计算资源可以随时随地使用，这直接推动了大数据时代的产生。而人工智能，是在大数据基础上，通过深度学习，形成算法，最终促进了人工智能的进一步发展。

1.3.2 百度升级意图引擎

百度 2018 年第三季度财务报告显示，该季度业绩稳步增长，营收 282 亿元人民币，同比增长 27%。如此强劲的业绩，是在网民增速持续放缓、未来 10 年互联网流量进入低效渗透期中取得的。究其根本，是借助于百度的"搜索+信息流"通过对用户意图和兴趣的数据分析，从而有效地进行内容分发推荐，最终获得了用户。

图 1-6 所示是百度对意图引擎进行的升级，主要围绕两方面进行：

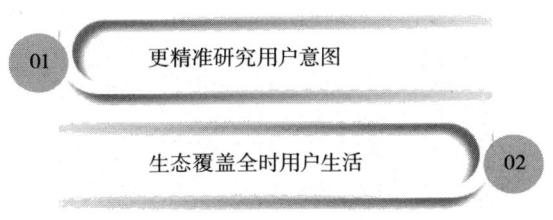

图 1-6 百度对意图引擎的升级

（1）更精准研究用户意图

研究用户心理，通过大数据挖掘和分析，从用户的意图消费"点"深入用户的消费决策心理等，为广告主提供更为准确的用户画像，同时也有利于自己投放广告找到更为精准的切入点。

例如，某个用户在搜索了家庭装修、硅藻泥、零甲醛、无污染的项目加盟时，这代表该用户很有可能想加盟环保装修项目。通过 AI 对数据的分析和挖掘，可以精准地找出用户真实的意图，从而达到精准推荐。

（2）生态覆盖全时用户生活

百度通过百度 APP、贴吧、视频，以及智能硬件等，全方位覆盖用户的生活，实现了线上线下用户数据的全方位采撷。通过对这些数据的有意识整合，可以在识别用户和场景的基础上，更好地进行智能化营销。

例如，2018 年百度和可口可乐合作，推出可口可乐"城市罐"，就是利用百度 AI 技术，用户通过扫描可口可乐罐身，可以开启城市秘境，寻找城市秘密。但是从根本上来说，是在扫码—开启—探寻—继续扫码的过程中，利用 AI，对用户实现全周期管理，帮助广告主在数字营销 3.0 时代打造营销闭环。

1.3.3 百度将引领数字营销 3.0

2016 年，百度第一次提出了"人与信息的双擎驱动"发展观点。2019 年，百度对所要升级的场景和对象，也是涵盖了用户进化角度、用户经营和受众场景拓宽角度，实现了路径更新和营销手段的优化（如图 1-7 所示）。

图 1-7　百度云引领数字营销 3.0 切入点

(1) 实现全领域营销场景一体化

百度利用独有的搜索大数据和 AI 技术，根据用户的行为、消费基础属性，判断出用户的行为决策，实现个性化的用户链接。2019 年以后，百度将继续以用户为中心，联合结盟伙伴，最终实现全域营销场景一体化，让用户链接无处不在。

例如，百度根据线下门店普遍面临的人力资本上涨、员工工作效率不高的问题，推出了 EasyDL 定制化训练和服务平台，以及多个场景解决方案，可以在货品识别、货架巡检、无人零售货柜、自助结算等场景提供定制服务方案，根据当地当时的用户消费习惯来配置货品。

(2) 百度聚屏对接线下营销场景

由于线上流量增加速度放缓，百度开始瞄准巨大的线下营销市场。百度的大数据挖掘和 AI 技术，能精准地预测用户的下一步行为，百度聚屏可以实现与用户线下营销的有效对接。据了解，目前百度聚屏已经覆盖包括社区、商超、楼宇等在内的线下场景，合作超过 100 万块屏幕，覆盖近 3 亿人群。

例如，用户在地铁里搜索了一款新出的挎包，等她回家的时候，打开电脑或者电视，看到的就是这款挎包的销售广告，或者是类似的产品广告。

在 AI 技术和大数据的驱动下，营销已经走上了线上线下贯通，多场景、多终端联动的道路。

(3) 视频提供"新流量"

百度短微视频、百度 APP、好看、全民小视频等视频内容平台，在 AI 技术的帮助下，令百度能以更为敏锐的触觉洞察用户需求，同时做到对目标人群的精准推送，实现了广告内容的千人千面。同时，百度的 AI 还能为内容生产、营销和运营等环节赋能，有望打造爆款 IP。

例如，百度智能小程序已经吸引了 58 同城、苏宁易购、招商银行、寺库奢侈品、掌阅小说等知名企业的入驻，利用百度 AI 技术，帮助商家更直接掌握用户需求，打破原本的平台壁垒，获取新一轮的流量红利。

（4）推出 Omni Marketing 全意识整合营销数字平台

Omni Marketing（全意识营销）通过 AI 技术，将线上线下数据打通链接，达到更深入识别用户、更精准理解和预测用户行为模式和需求的目的。通过这种方式，帮助品牌和用户建立点对点的高效互动，并用多终端的渠道沟通，推动用户决策。这种通过多方协作、共建产品营销生态的平台，在已经推出的服务中，获得了比较好的效果。

例如，在捷豹路虎 E－PACE 上市营销时，Omni Marketing 在对目标用户类型、风格、需求、消费能力、潜在需求等方面进行多方位分析，在捷豹路虎投放前，就精准定义了 7 类目标用户，并且为这 7 类用户准备了不同的展现素材。

投放过程中，最开始，捷豹路虎是采用百度开屏强势曝光的形式，对这 7 类不同人群进行根据各自属性展现的个性化广告推送；到广告投放中期，则对目标人群进行二次追投，最大化转化目标价值受众。投放后，根据信息和搜索信息数据的总结反馈，以及对投放效果进行的全方位品牌影响指标分析，不断优化投放方式，建立起良好的品牌和用户的关系。最终，在短短两个星期的投放期间，捷豹路虎品牌"试驾视频"搜索需求提升了 83%。

我们看到，百度在融合了大数据和全新意图引擎的基础上，推出了全意识整合营销数字平台，通过 AI 技术标准化、营销工具流程化、品牌指标系统化，为企业提供真正的 AI 营销解决方案，提升广告主的品牌整合营销能力。

1.4 蚂蚁金服利用 AI 完成复杂性工作

在 2018 蚂蚁财富伙伴大会上,蚂蚁金服财富事业群常务副总裁祖国明宣布:蚂蚁财富的 AI 技术正式升级到 2.0 版本,并完全向资管生态伙伴开放。

这意味着蚂蚁金服已经将自己的产品、能力和技术全面开放给了资管行业伙伴,表明蚂蚁金服将 AI 技术与资管行业伙伴的服务能力、投教能力结合,通过智能化、个性化服务开放整个平台,在未来三年一起服务好 6 亿多用户。

1.4.1 蚂蚁金服的"AI + 基金"

AI 在蚂蚁金服的发展和应用,主要在于金融行业的支付、保险、财富、微贷等服务,需要不同的场景,这些场景会产生海量数据。通过对这些数据的整理和挖掘,能发展和应用一系列的 AI。而这些金融场景,又能为 AI 带来源源不断的学习资料和发展挑战,包括对交易的毫秒级判断需求、海量数据的处理、稳定的风控系统,以及多样化的业务等。

为解决这类问题,蚂蚁金服开发了金融智能平台,这个平台包括了一系列的人工智能技术,包括强化学习、无监督学习、图推理、共享学习等。

目前,蚂蚁金融智能已经广泛应用于蚂蚁金服的各项业务,包括从智能客服到交易风控,从商家营销到车险图像定损,从贷款准入到反欺诈反套现,从财经资讯推送到基金推荐,等等。

这一切,都是基于蚂蚁 AI 技术的不断发展。

相对于普通的AI系统，蚂蚁AI无论是从机器感知，还是对自然语言的理解、机器学习和学习深度的预测，以及顶层的推理和决策等，都有着更为安全、可靠、精准的特性。

有别于传统AI的风控技术、基础大数据处理，蚂蚁AI在进行机器的深度学习后，能和图形计算有效结合，并与网络关系融合，在全局分析后，可以发现一些潜在的金融风险。

在架起金融机构和用户之间的关系时，蚂蚁AI的算法模型会从用户的真实投资和决策行为出发，通过挖掘海量信息的规律、一系列复杂的算法，将产品和用户进行匹配，最终令机构和用户之间达到最适合的匹配。

例如，27家基金公司入驻"财富号"后，通过总结发现，2017年，公司平均UV（每日独立访客量）增长了10倍，用户复购金额增长了3倍，用户投前投中转化率提高了40%，投后持有时长增加了89%，定投坚持周期增加了61%，配置用户比例增加了201%，赚钱用户比例增加了20个百分点。

除此以外，在蚂蚁AI金融服务中，我们可以看到，用户输入关键词搜索后，通过数据库匹配、蚂蚁智能客服小蚂答，面对用户描述的问题，即便很抽象、不够完整，小蚂答都能比较完满地回答。这是因为小蚂答能通过回答来进行自我学习，还拥有主动学习、理解用户提问的思维模型。

例如，数据显示，小蚂答的效率比人工客服效率高出60倍，而且当小蚂答扫描到用户账号有风险时，会启动一键挂失、一键报案。

目前，已经有涉及保险、证券、政府、电商、智慧城市等多个行业的120多家客户使用蚂蚁这一AI技术能力。

1.4.2 蚂蚁金服的"AI风险管控"

对于金融行业来说，由于用户、商家、物流等各节点通过资金流动形成网状结合，因此对风险管控提出了极高的要求。

蚂蚁金服在过去10年，通过大量机器学习建立了强大的风险管控系统，但是随着金融技术的不断发展，蚂蚁金服的AI风险管控也在不断更新。目前，蚂蚁金服 AI 通过大规模深度学习，结合图形模式，融合网络关系和复杂特征，将用户、物流、买家、商家等各种关系结合在一起，在监督的同时也在不断地学习。

蚂蚁金服 AI 的发展，令金融行业看到了科技的力量，很多传统金融业务也开始搭上了科技的顺风车。

例如，在保险行业，传统保险公司在接受客户理赔申请时，会根据金额和递交的资料，进行一系列的人工审核，必要时还会派出保险公司专人调查。因此，过去很多理赔申请都需要一周以上的时间才能走完流程。而蚂蚁金服的 AI 技术，可以让保单的理赔效率基本控制在 24 小时之内，通常来说，用户在上传发票和病例后，6 小时内就可以获得理赔。

蚂蚁金服的 AI 技术之所以理赔效率这样快，是因为一旦平台接到用户的在线报案，系统会引导用户对发票和病历等材料进行拍照后上传，通过人工智能辨识并且审核。在这个过程中，机器也在不断地学习，提升精确度和准确度。

"大数据、AI、物联网、可穿戴设备……"，科技的力量推动传统行业的公司必须变革。对于大公司来说，可以选择自主研发，但是对于中小型企业来说，最好的方式是采用弯道超车的"借力"。例如，人保健康在借力蚂蚁金服 AI 技术后，在 2018 年 4 月上线的新一代电商平台，采用成熟的金融级分布式交易架构，全面更迭了底层设施和上层架构。目前，人保健康的出单能力已经从每秒 0.2 单提升到每秒 1000 单。

如果说理财险产品主要是考验企业的投资能力，那么长期保障型产品还要考验其定价能力、风险管控能力，以及健康服务能力等。国华人寿通过和蚂蚁金服 AI 的长期合作，不但提高了长期保障型产品服务的能力，还响应快，营销意味淡化，客户体验至上，成为一个"有温度的保险"。

1.4.3　蚂蚁金服的 AI 客服

蚂蚁金服 AI 的对话，最初是从客服机器人开始的。例如，使用支付宝时，客服小蚂答可以回答各类问题。再比如，如果询问小蚂答余额宝收益,客服机器人就会给提供工具,输入金额并计算。

不只如此,随着AI技术的发展,在对话机器人里,即使客户的问答没有一定的场景,AI机器人要回答问题,会根据用户的最近操作,提取背景和场景,并将用户的行为轨迹做了编码,再通过模型比较、建模,将客户的问题进行答案匹配,最终由AI选择最适合回答客户问题的答案。

这一系列的创新,令智能客服的自主率在2017年"双十一"时达到了97%;2018年,小蚂答的问题解决超过了人工客服,而且机器回答比人工更让用户满意。

此外,蚂蚁金服的AI客服,还帮助传统客服迭代升级,而这最终刺激了企业的收入。

例如,国泰产险在和蚂蚁金服AI合作后,在不增加额外人力成本的情况下,保险业务收入方面,从2016年3季度的1.12亿元一跃而至2018年1季度的5.86亿元,整体增幅达到423.14%。

2016年,在国泰产险和蚂蚁金服AI合作前,该企业已经运营了8年,每年保费不到10亿元,只能算是行业里的小公司。

国泰产险管理者深知如果还是走保费和利润为主的模式,企业是没前途的,因而他们决定,将企业的定位转变为以科技为基础的互联网金融服务企业,通过云计算和互联网的数据支持,使产品更好地解决用户的需求。

本着这样的目标,国泰产险和蚂蚁金服AI合作,但是有一个新的问题出现:在客户场景化、流量碎片化引入时,要提高服务能力,就需要更多地获得客户的能力,以及客服能力。

这类问题,传统上是可以靠着资金布局和扩大人手来解决的,但是,在移动化、碎片化的金融场景下,其效能很难达到要求。就好比国泰产险的针对共享单车的意外伤害和意外医疗保险,以及针对网络购物诈骗的"防骗险"等利润薄、时效性强、高并发的险种,如果用传统的客服和调度模式,包括客户拨打电话、客服介入、引导客户勘查、转部门接待客户,等等,这一系列的流程走下来,耗时费力不说,客户体验感差,企业自身的投入回报也非常低。

针对这种现状,蚂蚁金服为国泰打造了一套智能化的、高度复杂,但是高度模块化、低能效,且形成封闭的系统。做到了打通信息系统和数据库,从而做到辅助决策。例如,购买饿了么食物相关保险的客户,一旦出现食物问题,可以直接在饿了么 APP 里提交照片和理赔需求,而系统的图像识别能力能直接对图片真伪和理赔金额做出判断。而这一切对于客服人员来说,可以同意电脑的判断,也能自己进行判断,决定如何处理。而所有这一切,都是通过系统的在线平台完成。

图 1-8 显示了在蚂蚁金服 AI 支持下,新客服的优越性。

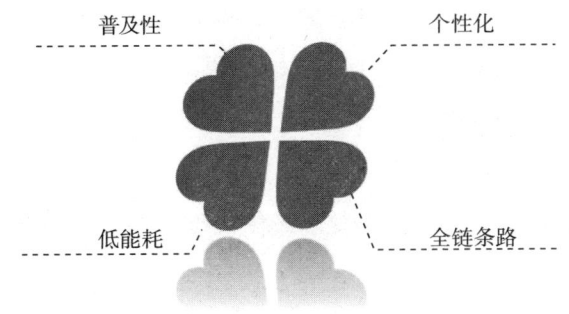

图 1-8 新客服的优越性

随着用户和客服之间高效的理解沟通,以及理赔成本低、客户体验好,国泰产险真正做到了对小微用户提供优质服务,因此,业绩提高自不待言。

1.4.4 蚂蚁金服 AI 的机器学习平台

蚂蚁金服的大规模机器学习平台,其核心是通过系统和算法的结合,处理海量数据。目前,在安全可信交易识别模型中,在安全覆盖的前提下,每天可以让一千多万笔交易更快更准确地通过风险检查。该平台能支持 100 亿特征、千亿样本、万亿参数,能支持非常多的数据和特征,从数据中提取价值做出预测。

当然，海量数据、庞大的应用需求，对于机器的运算速度也提出了要求。而蚂蚁金服 AI 是将矩阵分解和哈斯算法相结合，这使得蚂蚁团队能处理更大的矩阵。

例如，1 亿 ×1 千万矩阵分解仅需要 2 小时收敛。而将这项技术运用在口碑"猜你喜欢"的场景中，点击率的升幅超过 120%。

这个机器学习平台目前已经在整个阿里经济体广泛使用。例如，淘宝的广告搜索、手机淘宝的推荐以及在线推荐等，都是基于这套系统，并且取得了非常好的效果。

此外，针对很多用户并不想太深入技术本身，只是单纯想使用平台工具，蚂蚁金服开发了一个模型服务平台，将整个模型训练可视化。只要通过简单点击、拖拽数据就能产生所有的结果。例如，用户是开发应用的，那么只要把算法在平台里应用并且进行一键部署就行，甚至开发的算法，也可以用此技术写出新的算法。同时，平台还支持 A/B 测试框架，可以做全生命周期模型效果监测，主动发现最优模型和参数，并且支持实现多人同时开发，跨团队写作。

通过这种简单可行的统一平台服务，从蚂蚁金服内部到芝麻信用、网上银行的贷款等，都在使用该平台。

例如，花呗的智能签约，可以认为就是强化学习营销后，蚂蚁金服 AI 助力花呗的智能签约，如图 1-9 所示：

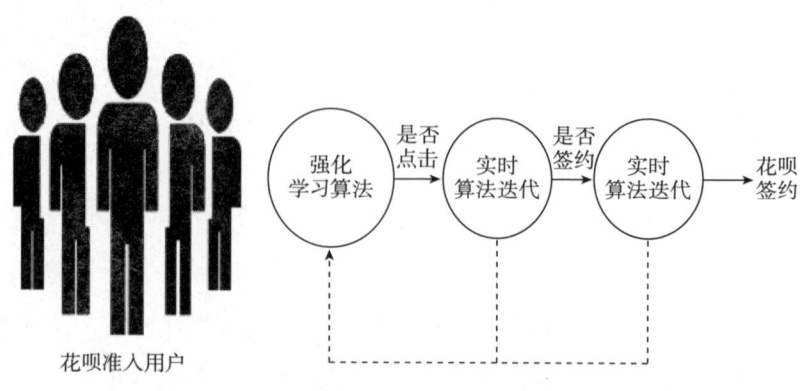

图 1-9 蚂蚁金服 AI 助力花呗智能签约

这套框架采用了流式强化学习框架,能够实现实时更新和算法迭代。最终,花呗实现了推荐卡片点击率171%的增长,签约率也实现了149%的增长。

1.4.5 蚂蚁金服AI图像定损产品

蚂蚁金服AI利用图像技术给车辆定损,这一技术极大地节约了车险公司定损员培训的费用及其他人力的支出。

蚂蚁金服最初上线的"定损宝"1.0版本,是图像定损技术首次在车险领域实现商业应用。通过对受损车辆部位拍照特写,将图片上传平台后,通过拍照、算法识别,与保险公司后台连接后,几秒内就能确认受损汽车的部位、维修方案和维修价格。

定损宝1.0推出不到一年时间,就为太平、阳光、安盛天平等多家保险公司提供超过千万次的定损、定价调用服务,共计节省定损人员工作量超75万个小时,为行业节省案例处理成本超过10亿元,减少理赔渗透约10亿元。

而现在的定损宝2.0,不再有1.0时期对用户拍照过程的严格要求,而是在发生车辆损坏时,车主自己拿着手机,按照系统指引拍摄一段视频后,就能在手机上看到车辆损伤情况,以及维修和保险赔付金额。这节省了大量的定损和理赔款到账时间。

在"定损宝"技术的带动下,越来越多的保险公司将AI应用到了定损理赔的环节,比如2017年8月底中国保信推出的"事故车定损云平台",2017年9月平安旗下金融壹账通发布的"智能闪赔"。

不过,这项技术看起来简单,其实非常复杂。定损宝的整个链路如图1-10所示。

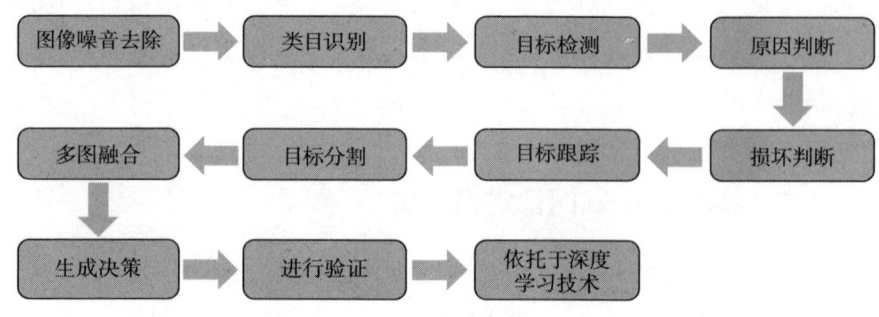

图1-10 定损宝的整个链路

目前,全国车险案件达4500万件/年,其中60%为纯外观损伤案件。"定损宝"技术的运用,能将案件的平均处理成本降低至150元,同时可减少50%的作业量,充分解决了高峰时期定损员人力不足的问题。

1.5 德勤与商汤科技合作，为企业寻求更多可能

2018年9月3日，全球知名专业服务机构德勤与商汤科技在上海签署了战略合作协议。通过结合德勤在中国的全方位服务能力、商汤在视觉和图像处理方面的经验，双方在业务创新、风险和咨询管理、现有客户资源等领域展开全面合作。

1.5.1 德勤与商汤科技合作的意义

德勤中国首席执行官曾顺福表示："商汤科技是中国乃至世界具有领先地位的人工智能企业，在计算机视觉方面有着自己独特的技术优势。而德勤的全球营收不仅在专业服务机构中排名首位，更是拥有丰富的行业经验和广泛的客户资源。此次德勤与商汤科技签署战略合作，双方将实现优势互补，探索前沿人工智能技术在众多行业不同业务场景的创新性应用，共同为中国的客户打造数字化和智能化解决方案，助力客户顺应并引领创新趋势，屹立于数字化浪潮之巅，成为未来颠覆性变革的领先者。"

商汤科技总裁张文表示："德勤是一家全球大型的专业服务机构，兼具国际化和本土化的优势，尤其是在为进军中国市场的跨国企业和有全球拓展计划的中国企业提供各类专业服务上，优势极其明显。通过此次战略合作，除了可以深度将商汤在人工智能领域的领先技术解决方案，通过德勤的专业服务与丰富行业资源，进行细化和深耕，亦可获得德勤在创新业务、企业战略咨询等领域的专业服务。未来双方在多个领域的合作充满无限可能。"

德勤和商汤科技的合作，将共同助力于不同行业的人工智能化进程，

促进人工智能领域的发展。同时，两者的强强联合，有利于将人工智能技术的成果转化，最终促进行业的发展。

1.5.2 人工智能为企业创造最大商业价值

德勤在2019年的行业预测中，认为在使用人工智能的企业里，基于云技术构建人工智能企业级软件会达到70%，通过云技术开发服务打造人工智能应用会达到65%。此外，德勤还预测，2020年，全球所有应用人工智能软件的企业中，将企业级软件和人工智能结合，以及基于云技术的人工智能平台结合的企业比例会达到86%和83%。

人工智能投资正在为企业带来不断增长的经济效益，德勤在全球发布的《科技、传媒和电信行业的智能化升级》报告中指出，在科技、传媒和电信领域中，人工智能为企业创造商业价值主要有三种方式。

（1）工作方式的变革。指机器的认知学习和认知自动化，即机器通过数据端的输入和学习，能完成人类烦琐重复的工作，提高生产效率。例如，在审计工作中，人工智能能使计算机处理非机构化的数据，如各种应收账款的票据等。此外，机器通过数据学习，可以在非常短的时间内，以低廉的成本完成账目结算。

（2）实时洞察的决策方式。机器通过学习提升认知洞察技术，能够帮助企业从每天的工作和业务报告，以及物联网供应链等传感器中搜集到大量数据，从中挖掘到有效数据后，可发现某些趋势和规律，利用这些规律，能预测用户的行为和反应，做出具有商业创造价值的洞察决策。

（3）提升互动方式。对于企业来说，借助认知参与技术，能够大规模统一提供用户支持服务功能，如聊天机器人，作为先进的人工智能型工具，能为用户提供各种自助服务，解决用户的请求和询问，并用自然语言处理技术问题，同时提供自动回复。

人工智能核心当属于机器学习和深度学习神经网络。先进的机器学习，有利于机器处理和组织大量的文本及数据，而企业使用了人工智能技术，能有效改善运营，开发新产品，同时能为客户提供更好的服务。

例如，亚马逊、谷歌、微软，利用人工智能打造10亿美元级别的人工智能开发平台服务并展开运营变革。他们一方面针对内部出现的挑战寻找解决方案，一方面在企业内部更大规模地完善解决方案，同时推出吸引用户的服务。

《纽约时报》为了筛选读者的评论，雇佣了14名评论管理员，但是每天只能处理12000条评论，因而只有10%的新闻报道能够显示评论。后来，谷歌开发了一款Jigsaw的机器学习工具，可以加快筛选过程，标记有潜在风险的评论。目前《纽约时报》四分之一的新闻报道都能显示评论。

在传媒行业，对于电影公司来说，虽说很难预料哪些电影会票房大卖或者惨败，但迪士尼仍然尽可能地利用科技辅助决策的制定。例如，迪士尼开发了分解式变量自动编码系统，通过对观众的表情进行深度学习和面部扫描软件实时捕捉，在获得大数据后系统进行分析和挖掘，最终为后续分析提供了超过1600万个数据点。

第2章

产品深挖化：一把好武器打开未来胜利之门

对企业来说，用户就像是关在城堡里的人，而产品的运营和营销就是如何攻下城堡，粉碎产品与用户之间隔着的城门。攻城并不是一味靠蛮力，而是要讲究方式方法。有人会采取水淹，有人会采取围城，也有人会采取从防御薄弱的地下道进入等方式。总之，方法有很多，就看如何选择正中靶心的方法了。

2.1 全面包围，不如单点突破

从产品的定义来看，产品是指"能够提供给市场的，被人们使用和消费，并且能够满足人们某种需求的任何东西，包括有形的物品，无形的服务、组织、观念或者是上述内容的组合等"。从这条定义我们可以认为，产品存在的目的和价值都是依附于人，也就是用户。如果离开用户，那么也就无所谓"产品"这个概念。也就是说，用产品思维来做产品，归根结底是为了更好地满足用户的需求。

例如，男生 A 很喜欢女生 B，于是他坚持不懈地给 B 送了一年的玫瑰花，但是 B 丝毫不为所动，反而嫁给了每天给自己带三明治的男生 C。A 得知后非常郁闷，认为三明治怎么能和浪漫的玫瑰花相比，但是殊不知，B 要的就是能吃饱肚子的东西，而不是只能看不能吃的花。

从这个小故事里，我们可以看到，运营产品时，要站在消费者角度，寻找产品最能进入他们心里的点。

那么，该如何挖掘产品的意义，最终和消费者的需求连接起来呢？

有一个观点是我认同的：不要试图把用户的不同需求糅杂起来，为用户提供一个大而全的产品。

为何这样说呢？

打个比方，咖啡店环境优雅，客户可以在里面边喝咖啡边谈生意，然而，咖啡店老板见烧烤摊生意好，消费者多，于是为了吸引人气，就辟出咖啡店的二分之一地方做成露天烧烤摊……这合适吗？

因此，在运营产品时，要把用户的需求放在第一位，在权衡用户需求点中，有所取舍，剔除不兼容的需求。毕竟，满足所有客户就等于满足不

了任何客户。

对于公司创业团队来说,要找准产品的诉求。与其做大而全的产品,不如做小而专的产品;要将产品的意义一层层地剥开,学会做减法,最终剩下的才是产品的真正意义。

对于大公司来说,这个理论也同样适用。新领域、新产品,不要试图通吃,不可能一个产品满足所有客户的需求。就好比淘宝,作为行业巨头,但是还拆分出了天猫、闲鱼、飞猪等不同侧重点的产品,以满足不同的客户需求。

对于公司来说,小公司要抓紧主要产业,大公司必须要找到发展方向。就像苹果公司聚焦手机为拳头产品,格力公司聚焦空调发展为主航道,产品线单一,反倒是容易出成绩。

从这个角度来说,如何根据用户的需求定位产品,成为企业发展的关键。主要方式有以下几种:第一,要找准一个细分的行业,并找到一个适合的领域进行切入;第二,根据选择的行业领域,聚焦用户,做有限用户的生意;第三,要将这个领域做深做透,建立属于自己的行业壁垒;第四,差异化经营,公司产品要能在用户心目中占据某个特点,获得用户的肯定,例如,瓜子二手车以用户之间点对点的销售模式,和传统的二手车买卖中,有中间商存在的经营模式不同;第五,重视用户需求,只有用户愿意购买产品,公司才能获得实实在在的盈利,因此,所有产品都要围绕用户需求。

2.2 江小白瞄准一个点,迅速进入用户心智

2012年,江小白首次亮相业界后,1年时间就实现了盈利。2013—2015年实现了千万(元)级销售规模,2016年过亿元,2017年开始全国化拓展,呈现增速发展,销售规模达到了10亿元。

仅仅用了不到10年的时间,江小白就在成熟的白酒行业杀出了一条血路。从江小白的成功之路看,是因为它找对了自己的定位,迅速进入了用户的心里。

2.2.1 江小白的定位只有一个点

江小白是重庆江记酒庄生产的一种轻口味高粱白酒,以红皮糯高粱为单一原料酿造而成。从一开始,江小白的定位就是年轻、时尚人群,通过简单有趣、富有"灵魂感"的包装,同其他白酒区别开来。

深究江小白的成功定位,我们可以看到,其实江小白的定位是严格遵守著名的STP理论的,如图2-1所示。

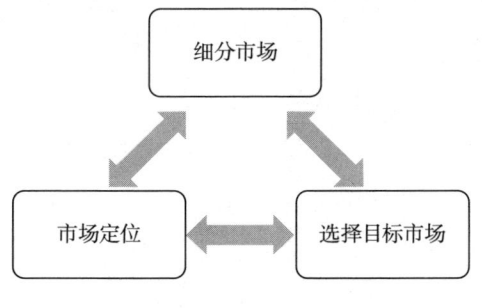

图2-1 STP理论

根据这个理论，产品在推向市场前，需要细分市场、进行定位，找准一个目标市场切入。因为用户的需求是多元的，没有一个产品能满足所有用户的需求，因此，产品要获得用户的认可，首先就要赢得用户的心理。

面对成熟的白酒行业，江小白采用了另一种定位方式：从场景出发，为特定的消费场景提供解决方案。

所谓从场景出发，指的是通过喝白酒的生活场景，一下子将用户和产品之间的距离拉近了。例如，我们可以看到，江小白的定位是：小聚会，三五同事朋友之间的非商务应酬；微小的幸福瞬间，例如，拿到满意的of-fer，被领导表扬等；小心情，例如想起读书时暗恋过的女生，第一次找工作忐忑的心情等。

这三种场景里蕴含的情绪，就是江小白的产品定位。同时，它倡导年轻人有活力、直面情绪、不逃避、不害怕、做自己。这种战略定位，看起来似乎和白酒没有任何关系，但其实赋予白酒人格化，让用户快速从心理上接受了它。

2.2.2　江小白深挖产品意义树立品牌

当江小白明确了产品的定位后，开始将产品意义挖深，并以品牌的树立来打开销路。

所谓品牌，在我们的消费经验中，通常是用户在特定场景下，对产品的明确诉求及认知。例如，说起奶茶，一句"小饿小困，喝点香飘飘奶茶"，立刻会出现在消费者脑海中，似乎下午三点，职场人觉得有点疲惫了，就应该来一杯香飘飘让自己恢复精力。

这就是场景赋予下的品牌建立。

而江小白也同样采用这样的方式。在选择用户群体时，他们不选那些"60后""70后"，而是想把酒卖给"80后""90后"。因此，定义了"年轻人喝白酒的场景"。从这个定位出发，江小白打造品牌的关键点有两个。

（1）深挖场景

江小白的品牌战略之一，就是利用场景深度挖掘体现产品意义，并依靠人格化的品牌，成为目标群体的精神寄托。

江小白所有的视频和文案，都是在讲述"有温度的故事"，并且是用第一人称表达情感。通常是表达了每个人都会有过的奋斗、孤独、压力，甚至不为人理解的心理，以及年轻人在爱情、生活、工作中的感悟和互动等。

这些走心的文案和瓶身上的设计，以及各种接地气的互动，增进了用户和产品之间的情感交流，能够让用户很容易记住产品，并且在适当的场景联想到产品。

（2）建立产品和场景之间的关系

建立产品和场景之间的关系，通常是需要从用户端和场景端做挖掘，找到一个能够和用户同一时间和空间，精准描述用户需求的描述，尽量做成一个产品在某个场景下堪当标配。

后来，当江小白的身影出现在地铁、电影（《从你的全世界路过》《火锅英雄》等）中，并且运用了互联网社区、微博等社会化营销工具，采取线上线下相结合的方式，让用户主动去分享传播，打破了白酒市场惯有的渠道销售为王的逻辑。最终，巨大的品牌关注产生了巨大的流量，用户倒逼渠道，带动了销售的高速增长。

从江小白的崛起我们可以看到，在如今行业越来越细分的前提下，充分挖掘自己产品的意义，单点突破，并继续深挖突破点的意义和用户价值，能够助力企业成功。

2.3 从三只松鼠上找为什么是 A 不是 B 的答案

2018年的"双十一",三只松鼠毫无悬念地再一次登顶食品类目榜首。只用了9分26秒,三只松鼠的成交量就突破了1亿元,比2017年少用了3分钟。这销售成绩不但刷新了三只松鼠在天猫上的"双十一"销售纪录,也创下了零食界的最新纪录。

作为一个以互联网起家的电商品牌,三只松鼠创造的奇迹一直被奉为行业的经典案例。

2.3.1 选择大众而不是北上广高端用户

按照传统概念,北上广这些引领时尚的城市,最容易出现爆红品牌。但实际上,三只松鼠的诞生地却是在三线城市安徽芜湖。不只是三只松鼠,其他炙手可热的消费品牌,例如,周黑鸭,诞生在新一线城市武汉;喜茶,诞生在江门。

为什么这些新消费品牌都是诞生在非一线城市呢?毕竟一线城市有强大的消费能力,有更懂生活的用户。然而,从三只松鼠的成功我们可以看到,虽然北上广市场很大,但是,除了北上广外,还有更多的城市值得关注。毕竟北上广的消费者不具有广泛的代表性,他们只能代表高端消费能力的那一部分群体。

如果三只松鼠一开始就将目标瞄准北上广,那么他们的产品注定不会面向大众。而要培养高端客户对产品的忠诚度,是非常困难的。因为对于北上广的客户来说,身处信息无比发达的地区,每天面对的新产品太多了,原有市场的大品牌,国内国外的,都全部汇聚在一起。这样,新品牌想要脱颖而出，想要长久维护，对于刚起步的小企业来说，绝非易事。

因此，三只松鼠在刚起步时，他们采用了线上营销手段。这是因为在资源有限的情况下，对于企业和产品来说，必须专注于最有可能快速给自己带来价值的用户，而且用户的基数要足够大。

2.3.2 产品主打碧根果而非其他坚果

2012年，在三只松鼠创立初期，坚果类产品市场其实早已经是一片红海。瓜子炒货坚果行业，由于进入门槛不算高，因此，不论是电商还是线下门店，行业竞争激烈。

三只松鼠经过调查，认为坚果中的碧根果，不论是在口感还是成本，以及食用的便捷性方面，都属于在坚果类型中被低估的一类。因此，三只松鼠主推碧根果，在一片红海中，杀出一片属于自己的蓝海。

从这里我们可以总结出，三只松鼠靠着挖掘行业潜力产品，作为自己的项目主推，最终打响品牌"第一枪"。

对于产品和行业来说，在当下已经没有了所谓的蓝海。那么，要如何在这一片"红色"市场中寻找到属于自己的那一块呢？

总结三只松鼠的方式，他们并没有直接进军最"红"的那一片领域，而是选择了相对冷门的粉红色区域，并将这一片做大做强，将单品打造成行业中的标杆。

所谓的稍为冷门的粉红色区域，并不是指做的人少，或者是人们不熟知的产品，而是指像碧根果这样的被低估的产品，以及符合客户需求的，还有开发余地，并没有被同行做到极致的产品。

2.3.3 软萌销售不走寻常路

作为传统行业的坚果销售，三只松鼠从产品形象代言物选择上，就首选以坚果为食的松鼠，巧妙地让消费者从产品名字就能了解产品定位。

此外，三只松鼠主要面向年轻的消费群体，以及慢食生活的人群。这种被细分后的销售主体是网络购买的主力军。因此，瞄准这批消费者，三只松鼠不论是从包装，还是企业的营销客服，以及对形象物所赋予的人格化，同消费者的互动，等等，都做到了让消费者感觉亲切有趣和个性化。

如图2-2~2-4所示：

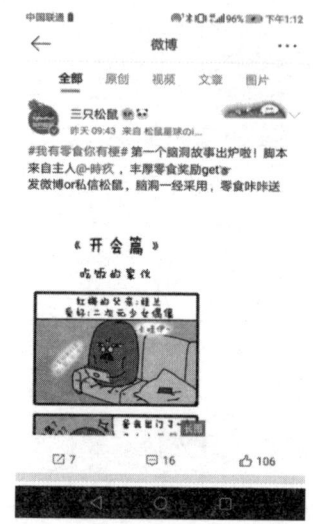

图2-2　三只松鼠截屏

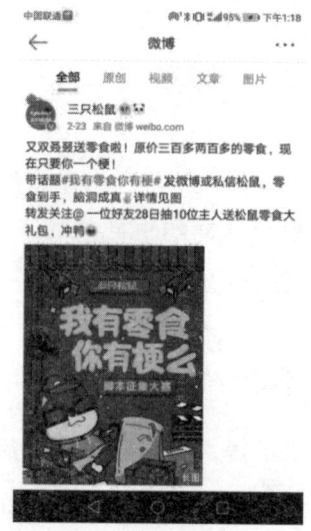

图2-3　三只松鼠截屏

图 2-4　三只松鼠截屏

在深挖"软萌销售"这条渠道中,三只松鼠的目标是为了给全人类寻找最优质、最新鲜和最健康的森林食品。在和消费者的对话中,三只松鼠以萌鼠自居,将消费者称为"主人",使用个性化的网络语言,将买卖双方的关系拉紧并且融洽起来。这么做,一方面显示了企业对消费者的用心和重视,体现以消费者为核心的主张;另一方面,也让年轻消费者产生无法抗拒的场景代入感。

不仅如此,在产品的包装上,三只松鼠也花了很大的心思。包装箱以原木色为主色调,同时印有松鼠的笑脸,箱子底部还有"主人,快抱我回家"的对话,让人产生亲切感。打开箱子后,能看到每袋食物都有独立包装,包装袋上的松鼠形象漫画各不相同。此外,三只松鼠站在消费者的角度考虑到食用坚果时的一些小麻烦,因而贴心地准备好湿巾、果壳袋、食品夹等。

在线上营销过程中,三只松鼠的客服都是通过软性服务来和消费者沟通。这种情感上的交流和服务,有利于消费者产生良好的消费体验。

从三只松鼠的"软萌"营销中,我们可以总结出,企业要选择什么样的形式包装产品,要根据时代和人群进行有的放矢的设计。

如果总是一味坚持老套路,用传统营销方式打造产品,不会"玩",是很难在互联网时代脱颖而出的。

2.3.4 首选线上而非线下销售

相较于成立于 2001 年的洽洽食品、1999 年的来伊份、2006 年的良品铺子,成立于 2012 年的三只松鼠显然成立时间是最晚的,但是,它又是成长速度最快的休闲食品巨头。

作为食品行业的黑马,我们可以看到,三只松鼠从成立之初就不走寻常路。2012—2016 年,三只松鼠抓住电商红利时期,依靠线上渠道,包括天猫、京东、苏宁等主流的第三方在线商城平台,以及自营手机 APP 等发展,成绩是有目共睹的。不发展线下销售,单纯靠着互联网经营,就做到了 2014 年、2015 年及 2016 年分别实现营业收入 9.24 亿元、20.43 亿元、44.23 亿元,营收增长率均超过 100%,且在 2015 年以净利润 897.39 万元实现扭亏为盈,2016 年的净利润更是跃升至 2.37 亿元。

在 2016 年 9 月之前,三只松鼠一直都是采用线上销售的营销模式。之所以选择线上的销售模式,是因为坚果是一个门槛很低的行业,如果选择线下,很难做成一个品牌,倒是更让人觉得应该在街边店铺或者是菜市场出现才对。

其次,随着电商平台的崛起以及"80 后""90 后"的消费习惯变化,年轻人的消费需求已经从传统的炒货类瓜子延伸到了价格相对比较高的坚果类,而此时,不管是线上还是线下,都没有一个主打坚果类品牌的产品。

而且,作为创业者来说,通过电商平台可以直接和消费者沟通交流,有利于消费者直接触摸到品牌。

随着线上流量的放缓增长,互联网品牌也是进入下一个阶段的时候了,于是这一年,三只松鼠在芜湖开设了第一家门店。

目前，三只松鼠的线下版图划分为三个方向：第一，以线下直营连锁为主的三只松鼠投食店；第二，以阿里巴巴零售通为主的2B分销渠道；第三，类似加盟店形式的松鼠小店。三者之中，零售通的销售成绩最好。这是因为新零售作为三只松鼠线下分销的唯一渠道，一是没有多区域代理分销的复杂因素，二是这些分销的数据是具有可读性的。

也就是说，三只松鼠通过渠道网点的销售画像，结合在电商渠道采集到的消费者数据，有利于线上线下数据的价值发挥，最终达到精准营销、产品迭代等。

在未来，三只松鼠的投食店定位品牌形象的塑造和最新产品的体验；电商渠道满足节假日节点的囤货、团购；线下渠道，有零售通，或成熟的经销商分销体系。

从三只松鼠的线上线下布局，我们可以看到，在互联网时代，传统行业的企业要发展，就要认真研究线上和线下两种渠道，将两者渠道打通，将企业价值最大化。

2.4 B站瞄准二次元，打造最佳根据地

在视频网站惨烈厮杀的今天，人们的心智早已被优酷、爱奇艺、腾讯、芒果TV等视频品牌侵占，可是要谈到二次元，出现在人们脑海的第一个词就是"BILIBILI"。

BILIBILI（简称B站），B站之所以能成功，就是因为瞄准了二次元这个市场，成为"80后""90后""00后"年轻用户群的最佳根据地。

2.4.1 B站成功原因

瞄准二次元的B站（图2-5）无疑是成功的。这从其2018年公布的第二季度财报就可证明。截至2018年6月30日，B占总收入达到10.3亿元人民币，同比增长76%；Q2平均每月活跃用户达到8504万，同比增长30%。2018年7月，活跃用户数进一步增长到9812万，创下历史新高。

图2-5　B站截屏

二次元，是以动画、漫画和电子游戏为主要关切点的 ACG 爱好者群体，目前也泛指动画、漫画、游戏、小说、虚拟偶像及其衍生产品等。B 站之所以瞄准二次元，是因为其有三个特点，如图 2-6 所示：

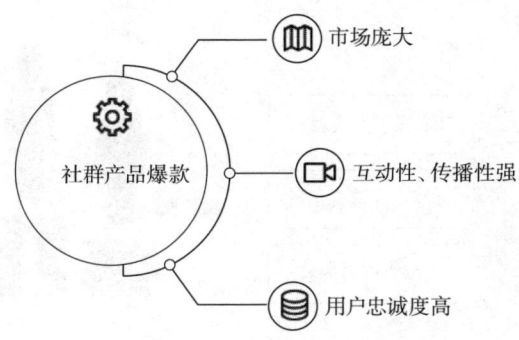

图 2-6 二次元的特点

（1）市场庞大

我国的二次元市场非常庞大，仅在 2014 年，泛二次元用户（半年内至少浏览一次非低龄动画或漫画）的数据就达到了 1.49 亿人的规模，2018 年达到 2.7 亿，预计 2019 年有望增至 3.28 亿。

（2）互动性、传播性强

二次元的用户通过视频弹幕、论坛、贴吧等渠道进行互动交流，具有较强的互动属性。同时，二次元文化传播性强，核心用户群体的持续讨论也为产品带来了高热度维持。

（3）用户忠诚度高

艾媒资讯数据显示，中国二次元用户以男性为主，占比 56.0%，24 岁以下用户占比 67.5%，以学生为主，对二次元有着较强的归属感，忠诚度高。同时，他们是当下互联网语境中最乐于表达自我、分享传播的群体，赋予了 B 站不可替代的影响力与群体属性。

2.4.2　B站的二次元打造

B站采取了若干措施进行二次元打造，如图2-7所示：

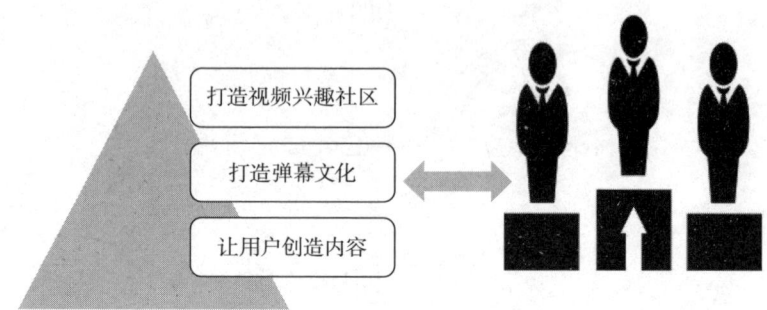

图2-7　B站的二次元打造

（1）打造视频兴趣社区

B站的特点是让用户一边看片，一边讨论，获得一种部落式的观影氛围，这可让B站拥有更深一层的社交基因和超越视频内容本身的趣味。也就是说，B站为了获得二次元用户的支持，它把自己打造成一个兴趣视频社区。B站目前拥有11个分区及广场，两个直播栏目，分区都是围绕二次元文化建立的。

（2）打造弹幕文化

B站是国内最早将弹幕引入视频的网站公司之一。弹幕营造除了与一般留言不同的"超越实际时间，虚拟的时间共享""非同期LIVE"的感觉，还能使用户获得其他网站都没有的"观众一起参与"的感觉。

（3）让用户创造内容

其他视频网站是买内容或是平台自己打造内容吸引用户，但B站却是由用户自己创造内容，这些用户被称为UP主。

2.4.3　通用的根据地打造方法

瞄准了一个市场，企业就要采取各种手段将之变成产品发展的最佳根据地，就像 B 站一样。分享一些通用的根据地打造方法，如图 2-8 所示：

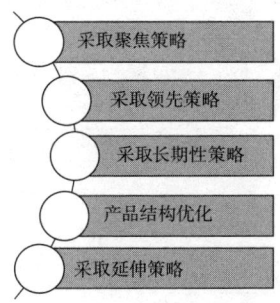

图 2-8 通用的根据地打造方法

（1）采取聚焦策略

对大多数企业来说，人力、物力、财力都有限，因此在建立根据地时必须根据自己的实际情况。如果不具备全面拓展该市场的条件，就要分析细分市场的条件，确定更为细分的目标市场，有针对性地进行根据地市场的建立。如此就可以达到既节约资源又能创造局部竞争优势的目的。就像是 B 站因为实力的原因无法与爱奇艺、腾讯、优酷等视频平台竞争，所以将目光聚焦到二次元市场，做深耕。

（2）采取领先策略

在选好根据地市场后，必须速度领先，以速度取胜，快速地拿出开发策略、宣传策略、动销策略。如此，就能抢先对手一步进入用户的心里。

聚美优品在瞄准化妆品电商这个市场时，还面对着一个强大的竞争对手——乐蜂网。但是，只是经历了短短的几年时间，聚美优品却成为他们心中化妆品电商网站的代表。其原因就是聚美优品采取了领先策略，使用企业创始人代言的方式让聚美优品这个品牌迅速进入该市场消费者的心智，从而成功打败了竞争对手。

（3）采取长期性策略

当产品成功成为市场的代表后，下一步就是把市场做透，有四个标准，如图 2-9 所示。

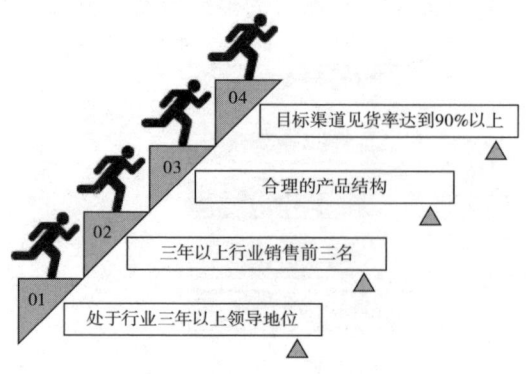

图 2-9 产品把市场做透的四个标准

要达到四个标准，企业需要侧重抓好产品规划与提升。一方面，是把产品打造成品牌，并拥有一支主力产品，在主力产品进入成熟期后，开始培养一支能够在一年内形成新主力的新产品。比如，小米手机 1 成功进入国产高性价比市场后，第二年马上就推出了小米手机 2。另一方面，是在主力产品线上有节奏地开发新产品，比如，小米手机每年都会推出新产品。

（4）产品结构优化

市场的生命周期是由产品结构的生命周期决定，产品结构的生命周期则是由不同产品线上产品的生命周期决定。企业要保持在根据地旺盛的生命力，就一定要开发新的产品线，采取多级聚焦策略，从而形成合理的产品结构。比如，小米为了保持在高性价比市场的旺盛生命力，除了开发手机，还开发了平板电脑、小米手环以及各种智能家居产品等新产品线。

（5）采取延伸策略

当产品已经全面渗透市场，企业把该根据地做透了，就要采取延伸策略，也就是指除了瞄准该市场的产品，还要瞄准发展其他市场的产品，不断地将之衍生。就像是 B 站，在二次元市场成为领先品牌后，当消费者已经坚定地认为 B 站是二次元市场的代表产品后，B 站就开始发展电影市场的《我在故宫修文物》为代表的电影产品，瞄准游戏市场的《Fate/Grand Order》等游戏。

2.5 深挖凉茶潜力，王老吉动作频繁

在王老吉190周年的创新发展大会上，集团董事长介绍说，王老吉的年销售额已经超过了200亿元，超过了可口可乐在中国的销量。就相关数据资料显示，目前王老吉销量已经占据凉茶市场的七成份额，成为不折不扣的品类领先者。

2.5.1 王老吉媒体植入IP，深挖产品潜力

由于传统的营销方式已经无法适应如今碎片化、多元化的媒介环境，品牌不得不纷纷寻求突破。在将自己产品植入影视IP这一块，因为投产比高，而且能有效地抓住大众的注意力，因此，就目前来说，出现IP营销大热的趋势。有着190年历史的老字号王老吉，在推销自家产品时，也是跑步进入内容营销时代。

我们可以看到，王老吉这几年的IP营销案例，从《万万没想到》到独家冠名浙江卫视《我们十七岁》，腾讯视频的《明日之子》，再从《恋爱先生》到《创业时代》《远大前程》等，王老吉的影视IP营销之路，走得越来越远。总结王老吉的IP植入营销策略，有六大要素，如图2-10所示：

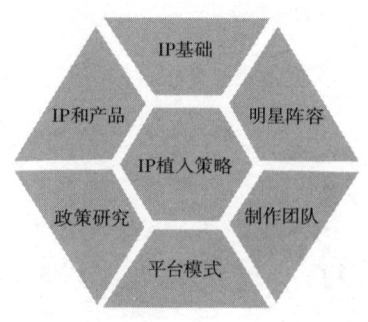

图 2-10　IP 植入策略

（1）IP 基础：指的是 IP 需要有足够的大众认知基础。例如，王老吉在决定植入《恋爱先生》时，是因为这部"先生系列"之一的《好先生》收获了 3.52 的收视率和 144 亿的播放量，做到了口碑和收视的双丰收，因此，王老吉才会选择"先生系列"第二部的《恋爱先生》（图 2-11）作为品牌植入对象。

图 2-11　王老吉品牌植入《恋爱先生》

（2）明星阵容：对于 IP 来说，明星阵容的强大，代表着粉丝的黏性，也代表着更容易对品牌产生好感。在适合的场景下，消费者会优先购买植入 IP 的品牌产品。

（3）制作团队：高配置制作班底能为优质 IP 保驾护航，保证植入高品质。例如，《恋爱先生》由曾经执导过《大丈夫》《虎妈猫爸》等都市剧的姚晓峰执导，而制片人李潇的《好先生》《搭错车》等作品一直稳居国内电视剧收视率冠军。

（4）平台模式：通过制作源头的植入，一旦 IP 作品在网络和电视台均播出，则可大幅提高性价比。例如，电视剧《恋爱先生》播出覆盖东方卫视＋江苏卫视＋优酷＋腾讯＋芒果 TV 五大优质平台，在高性价比植入的同时，也易收割规模效应。

（5）政策研究：IP 大剧往往会因为诸多因素而产生诸多变化，如播出时间等。王老吉在选择 IP 时会考虑到相关政策因素，用战略性眼光考量 IP，规避潜在风险。

（6）IP 和产品：指的是综合分析 IP 是否符合产品的调性。例如，通过大数据平台的分析，王老吉根据自身凉茶用户的偏好等进行分析后，综合靳东、江疏影及《好先生》粉丝人群架构，判断出该剧的目标受众与产品定位消费人群的高度重叠性。

2.5.2　王老吉深挖产品潜力

正如可口可乐为了打破自己单一的产品，不断寻求增量市场而开发出雪碧、芬达等子品牌一样，王老吉也在本身成熟的饮料行业中，打破凉茶的局限，开拓新产品，以期满足不同的消费人群，最终成为大品类，扩大行业规模。

图 2-12 所示的是王老吉的深挖自身产品的扩大化之路：

第一，瞄准精准消费需求差异。根据年轻人需求加推不同的饮料产品，例如功效更强大的"黑凉茶"和"无糖王老吉"等。

第二，根据消费者消费习惯调整发展策略。随着近年来一点点、喜茶等现调茶饮的异军突起，王老吉根据大众喜欢的消费模式，也开起了饮品店，用现调的形式，拉近和用户之间的距离。目前，王老吉的现泡凉茶店已经有几十家了。

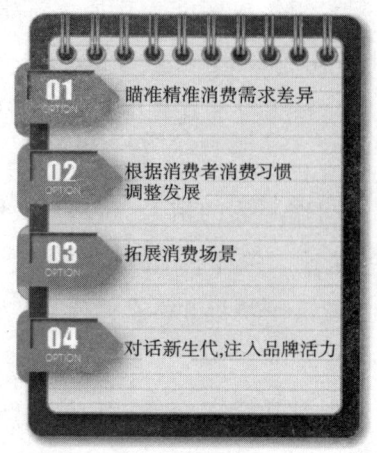

图 2-12　王老吉深挖自身产品扩大化之路

第三，拓展消费场景。根据消费者的特质，拓展与其相关的消费场景，有利于形成完整的营销通道。例如，王老吉通过丰富凉茶的消费场景，在推动凉茶市场的增长时，注意到瓶装凉茶在运动和旅游场景中存在消费需求，因此，大力推出瓶装凉茶，开发户外市场。

第四，对话新生代，注入品牌活力。随着"95后""00后"消费群体的崛起，品牌的话语权已经慢慢转移到了更年轻的人手中。对于各大品牌来说，对话新生代、争夺新生代已经成为品牌商的必争项目。王老吉针对该现象，选择了"流量小生"刘昊然和"流量小花"周冬雨为品牌代言人，借助他们对"95后""00后"的影响力，向年轻消费群体传递品牌影响力。

2.6 小米裂变红米,多梯级聚焦提高影响力

2019年6月21日下午,小米创始人雷军在微博中称,小米手机生产线已经初步完成小米和红米两条线。其中,小米品牌主要是为了发展黑科技,定位于中高端用户,专注于新零售市场;而红米则专注于品质和性价比,专注电商市场。

2.6.1 Redmi 独立,小米建立合理产品线组合

小米手机虽然在手机行业中有一定的影响力,但还是需要覆盖小米品牌无法延伸至的千元以下手机市场。因此,2013年,小米联合腾讯QQ空间推出首发售价为799的红米手机。首轮10万台红米手机在发售后90秒内售罄。

后来,红米手机第二轮的10万台和第三轮的5万台也都飞快售罄。

此后,红米手机的发展速度一发不可收。借助红米的火爆,小米品牌不但杀入了千元机市场,同时还用红米打开了国际市场。

2018年数据中,红米系列为主的中低端机型出货量为2206万台,占小米总出货量的77.6%;而高端旗舰手机出货量仅49.6万部,占总出货量的1.7%。

然而,看似火热的销售,却无法给小米带来足够的收入。另外,红米的热销,在一定程度上让小米迟迟实现不了高端化转型。

于是,在2019年开年,雷军宣布主打低端市场的红米品牌将独立运营,更名为Redmi。

至此,小米品牌上移到了2000+的市场,例如,小米9起售价是2999

元,而且小米9透明探索版起售价是3999元。而Redmi则保留千元以下市场,并且上移到小米品牌的1000~2000元的价格市场,主打电商渠道。

小米与Redmi品牌的重新定义与区隔,有利于小米公司的品牌策略及发展脉络更加清晰化。一方面,小米品牌可以专心向中高端市场迁移;另一方面,也能让Redmi品牌形象不再只是停留于"廉价机",而是可以与小米品牌建立起更为合理的产品线组合。

企业裂变出子品牌通常有下面四种方式:

(1) 围绕企业自身的核心优势,通过量的扩张,将原有业务扩展到新的方面。例如为了面对市场激烈竞争,小米裂变出Redmi,其本质是将不再符合小米定位的用户,分流到Redmi品牌上。

(2) 将原先的成功模式,复制到新领域,建立起独特的技能和优势,实现增长。例如,红米开售即售罄,就是因为有着小米手机从前的优良基因,用户才会对红米如此肯定。

(3) 通过兼并来增加自身的优良基因。指的是通过购买或者出售业务,来重新为企业基因定位。例如联想收购IBM,吉利收购沃尔沃,就是为了增强自身在行业中的优势基因,为日后更好地发展打下基础。

(4) 对整个企业进行重塑,用新方式创造价值。例如IBM从PC到软件服务、物联网、智慧地球等,用改变商业模式的方式,对企业自身进行改造,用新方式创造价值。

2.6.2　品牌裂变带来的用户流量

不只是小米裂变出Redmi,华为也有自己的子品牌荣耀,中兴有努比亚,等等。

这些品牌之所以要裂变出子品牌,从根本上说,是为了寻找细分市场的机会。而这一切的前提,是单一品牌在行业里的影响面不够,不能覆盖到尽可能多的市场。

图2-13所示是单一品牌推出子品牌的意义:

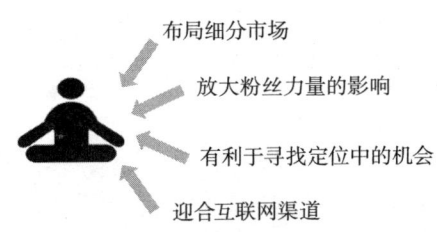

图 2-13　推出子品牌的意义

（1）布局细分市场。IDC 发布的中国智能手机未来 10 大预测中提到，智能手机厂商将逐步形成各自全新的品牌矩阵，用户覆盖从主流到中端价位的速度将加快，数字化、平台化的高效新零售平台将成为终端投入的重点。从目前的发展趋势来说，不少厂商确实已经在实践了。例如华为旗下的荣耀和 nova 品牌，小米则是将 Redmi 独立开来。这样做的好处是，多数独立出来的品牌针对的是更为年轻的互联网用户，这部分用户的特点是迭代快，对新产品的要求高、互动性强。虽然这部分用户的忠诚度不稳定，但是，随着粉丝化转变趋势加强，忠诚度也相应加强。

（2）放大粉丝力量的影响。苹果、小米的粉丝力量有目共睹。因此，对于品牌商来说，务必要打造自己的粉丝团队。但是如果原有品牌相对老套，无法吸引新鲜粉丝，那就要靠子品牌来吸引。我们可以看到，Redmi 的重点布局，就是在吸引粉丝力量上。

（3）有利于寻找定位中的机会。在子品牌独立出来后，有利于品牌商根据产品定位在市场上寻找不同的用户群，抢夺更高的利润空间；同时，也有利于用户更加明确地寻找到自己需要的产品。例如，小米品牌目前就是瞄准了中高端客户群，手机定价在 2000 元以上。

（4）迎合互联网渠道。对于品牌商而言，要搭上互联网经济的顺风车，一是要有互联网思维及懂得策略的应用，二是要压缩传统渠道，通过电商等更加扁平的策略、渠道分化产品。这种方式能让品牌商直接和消费者互动，牢牢占据细分后的市场领地。例如，Redmi 的主要销售方向，就是电商渠道。

第3章

用户内卷化：把用户变为企业的重要成员

随着新商业模式的不断出现，企业意识到，在互联网时代，过去的"以企业为中心"正在向"以用户为中心"的观念转变，开始强调利己先利他的互联网思维。

3.1 阿里巴巴让用户拥有多重身份

2019年，李彦宏发布了24字的百度愿景：成为最懂用户、并能帮助人们成长的全球顶级高科技公司。

随着当下互联网流量红利期趋于停滞，新流量的获取会越来越"昂贵"和困难，因此，如何留住、发展自己的客户，并最终培养成具有多重身份的用户，显得尤为重要。

3.1.1 客户与用户之间的区别

传统的销售模式中，顾客买完东西就走了，商家也不知道顾客是谁，来自哪里，喜好是什么，等等，这种消费者就可能只是一次性的陌生交易关系，就是客户。

但是，到了移动互联网阶段，顾客的每次交易都被记录，包括姓名、地址、电话、消费频率、消费喜好，甚至连支付方式（是用信用卡还是用储蓄卡，是否喜欢用优惠券等）这些信息都会被记录。不仅如此，还有很多的消费习惯，包括顾客的消费性格，是喜欢比较还是干脆利索等，都会被商家掌握。对于商家来说，掌握这些信息有利于把客户转为多次购买的用户。

客户和用户之间的区别是，如果在一定时间内光顾次数少，不过是一年一两次，对于商家来说其实没有持续的利润贡献，那么这些消费者可以划入客户范围；而如果一直消费，一直在购买产品，有利于商家利润持续增长，那么这些消费者就是用户。而如果用户愿意交会费，成为付费会员，那么就是超级用户，即最有价值的用户。

例如，在天猫上开店的企业，需要给阿里巴巴支付一定的费用，但是同时，天猫平台也会为企业带来用户。可是，这些用户网购消费，其实对于阿里巴巴来说并不影响利润。因为阿里巴巴最主要的收入，是来自企业缴纳给平台的费用。

从这方面来说，只有企业店铺是阿里巴巴的用户，而店铺的用户，并不是阿里巴巴的用户。

而亚马逊或者京东，有一大部分是自营商品，这类商品的客户对亚马逊或者京东的利润有着直接影响，因此，这些客户是亚马逊或者京东的用户。

3.1.2 培养企业自己的超级用户

所谓超级用户，指的是他们极度热爱某个产品，并且到了痴迷的地步。对于企业来说，利用好超级用户，不但有利于销售，还能改善产品、改变经营模式、吸引新用户，最终提高企业利润。

通常来说，超级用户的特征如图3-1所示：

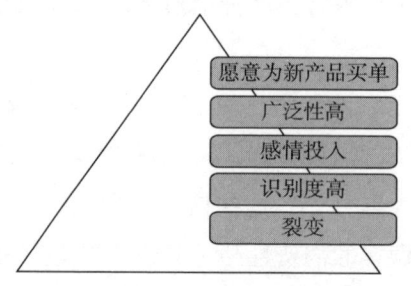

图3-1 超级用户的特征

（1）愿意为新产品买单。和传统忠实用户不同，超级用户还愿意为企业新开发的产品买单，并且行动力很强。

（2）广泛性高。企业的每款产品都能吸引超级用户。

（3）感情投入。超级用户不但能从产品中获得使用乐趣，还对产品投入了感情。

（4）识别度高。超级用户可以通过大数据、社交媒体找到。

（5）裂变。超级用户不但愿意买更多产品，还能自发地为企业招来更多的用户。

超级用户思维之所以需要企业重视，是因为超级用户是企业在竞争中赢得胜利的关键。

例如，2005年开始，亚马逊推出了Prime会员服务，开始布局付费会员服务体系。虽然会费从最初的79美元/年已经涨到现在的99美元/年，但是，由于亚马逊采用会员包邮的方式，解决了美国的高价物流痛点，并且统战了包括软硬件、流媒体视频，以及Kindle图书馆等服务，吸引了美国大批中产阶级付费成为会员。

2017年，亚马逊美国会员数量达到了8500万，其中会员每年消费1300美元，远高于非会员的700美元，全年Prime会员订单量超过50亿件。

阿里巴巴也推出了面向会员的"88VIP"会员计划。这项计划是，淘气值超过1000分的用户可以花88元买到价值888元的88VIP服务。所有88VIP会员可以在会员周期内，叠加享受"双十一"折扣的全年"折上折"，生活必需品的全年专属折扣，以及自动升级为包括优酷、饿了么、虾米、淘票票在内的年卡会员。阿里在发布会上给用户算了一笔账：成为"88VIP"一年就可以节省近2000元。

根据付费会员模式总结，只要用户愿意付费成为会员，那么他们就能享受到更好的服务、更高的折扣，这也代表着他们会购买更多的东西。商家通过对这部分用户展开有的放矢的经营活动，最终可以形成正面循环。

随着中国中产群体的增加，消费升级是必然趋势，因而对于电商平台来说，推广付费会员方式，可以对平台业务进行交叉推广，例如，向会员加载硬件、娱乐和旅游、外卖等；另外，用户愿意付费成为会员，那么很容易成为商家的忠实用户。有利于平台利润的增加，也是平台服务能力的重要体现。因此，付费会员成为电商平台的关键指标。

3.1.3 如何设计会员机制

在移动互联网时代,客户和企业之间信息不对等的情况渐渐消失,客户开始转变为用户,拥有更多的角色(图3-2)。

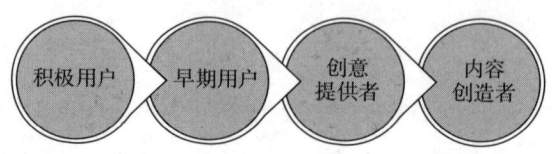

图3-2 客户转为用户的四个阶段

通过点评已有的产品以及企业的服务,成为积极客户;试用新产品、新服务,并反馈试用心得,提出改进意见,这就成为企业的早期用户;为企业产品提供创意并且获得回报,此时用户就成为创意提供者;最终,成为内容创造者,同企业共同成长。

对于会员机制的设计所需要注意的重点,可以从以下几点入手,如图2-3所示。

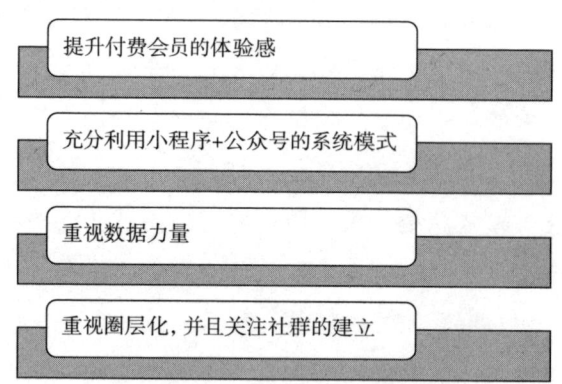

图3-3 会员机制的设计重点

(1)提升付费会员的体验感。让付费会员感觉到所享有的企业服务,有着清晰定位功能和价值交付的情感契约。例如,京东商城一直强调优质入口的概念,这就是为了让付费用户有归属感和尊享感。

（2）充分利用小程序+公众号的系统模式。这是一种比较完善的承接平台和人货场的全新运营载体。利用这种形式，将重新定义销售、运营层面的定义。

例如，周黑鸭虽然服务号有330万粉丝，每日阅读量在10万+，但是，公众号粉丝增长与销售不成正比，公众号下单活跃度其实比较低。但在和小程序结合以后，通过线上商城和微信支付、小程序结合，不但打造了更好的线上体验服务，还通过小程序搜集到会员大数据并进行精准营销，增强了和会员的互动，产生了树状裂变的传播效果。

（3）重视数据力量。从数据中整理挖掘会员，并发展成超级会员，同时充分利用超级会员的裂变能力。这种"裂变能力"，不只是一种方式，还是一种可以运用的自然而然的手段。例如，10多年前，淘宝之所以可以击败eBay中国，关键是因为淘宝和用户之间形成了良好的互动，激发了生态圈的网络效应，迎来了大量的用户，促进了中国网购市场爆发式增长，从而奠定了自己的绝对领先地位。

（4）重视圈层化，并且关注社群的建立。为会员营造圈层化场景，建立属于会员的话语体系，并且精准链接用户，努力实现规模协作，找到属于自己的话语体系。例如，小米手机公司创立后，经历了从没有手机开发、生产经验，到两三年后就成为最受瞩目的手机公司之一，其法宝之一就是聚集了一群有着共同爱好的超级粉丝。小米公司通过和粉丝紧密互动，听取他们对手机的要求，并且进行测评，最终开发出来的手机掀起了一次次的销售浪潮。

3.2 亚马逊和 eBay 的用户定位及寻找

关于用户的定位和寻找,数据分析是一种很好的洞察工具。随着移动互联网的日益发展,利用数据分析用户行为,一方面有利于挖掘用户需求,解决他们在使用产品中的痛点;另一方面,也利于挖掘目标用户。

3.2.1 找到适合的用户方式

在寻找用户前,通常需要做一份用户调研,其中包括需要找什么样的用户(图3-4)、怎样与用户交流等。

图 3-4 用户大类

(1) 通用的用户类型,如图 3-5 所示。

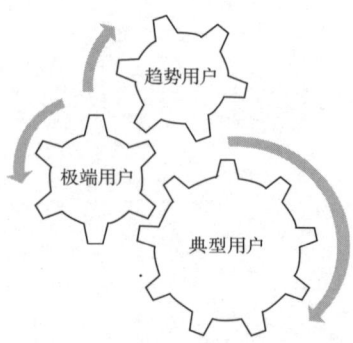

图 3-5 通用的用户类型

其中，典型用户指的是根据产品能直接映射到的用户。例如，一提起点读机，人们就会想到孩子。这种典型用户有助于企业以最快的方式了解行业和产品，以及用户行为、心态等。

而极端用户，就像是分布在一个正态曲线的两端，往往是最早体现新需求的用户。例如，在计算机领域，苹果电脑用户就是极端用户。此部分用户，随着时间的推移，会有更多的需求。

趋势用户，则是指那些容易引领消费趋势的用户。其中，细分用户为大学生、北上广深白领、创意行业从业者、IT人士等。除此以外，还有与产品生态链发生关联的群体，例如，设计一款首饰，就需要找到模特、化妆师等。

（2）不清楚产品用户对象时，可按图3-6所示入手：

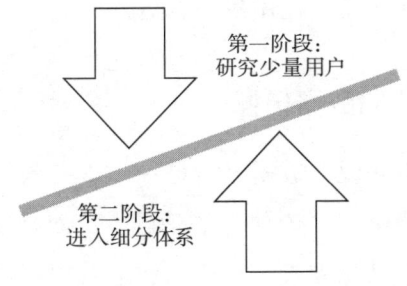

图3-6 不清楚产品用户对象

第一阶段：研究少量用户。从粗略取样的样本里，逐步找到能影响目标用户的关键指标和变量。在这一过程中，即使样本不适合也没关系，因为这本身就是一个试验的过程，在不断的试验中，所需要的用户画像会渐渐明确。

第二阶段：进入细分体系。充分利用第一阶段中的关键变量，并在新的细分体系中，把第一阶段的已经适用的用户，放入细分体系中。

例如，在研究新手妈妈需求时，将进行访谈的新手妈妈分为两个阶段，第一阶段是10人，第二阶段是30人。在第一阶段，大致是可以从年龄、收入、学历等人口学层面对新手妈妈进行初步划分，然后进行调研。

在第二阶段，根据第一阶段的调研内容，会发现新手妈妈的需求还包括已经在为孩子的教育以及未来进行规划。在增加这几个维度后，进行综合整理，并进行有侧重点的调研。

不过，在寻找用户的过程中，本身会有一定的偏差或者缺失。为了降低这种错误的风险，需要在对用户需求洞察前先做好规划，并且尽可能多地获取用户，以及提前做好用户甄别工作等。需要注意的是，如果发现问题用户，先别着急过滤，而是要注意，是否看起来不是自己的目标用户，但其实和目标用户有关联，例如，是新手妈妈的丈夫。再或者，如果某类细分用户比较多，那么富余出来的一部分，就可以按照流程快速过一遍，有什么不一致的地方也能直接发现。

不过，在洞察用户需求时，需要注意的是，企业始终是要具有一些领域内的经验，同时也要注意，让用户去表达。

3.2.2 观察用户的数据指标

对于精准寻找用户来说，数据分析是一项很有效果的洞察工具。而数据的使用，并不只是停留在"统计"的基础上，而是要通过观测数据，并使用一定的数据分析工具和方式，对产品和运营提出指导性意见，让数据反哺业务，尤其是利用数据精准寻找用户。

例如，eBay 的大数据分析平台。

早在 2006 年，eBay 就成立了大数据分析平台。通过数据分析，eBay 准确分析了用户的购物行为，并对用户的行为进行后期跟踪分析，最终通过结构化数据和非结构化数据的结合，根据用户的行为，促进了网页上的功能修改，达到提高企业利润的目的。此外，eBay 还通过对购买一些网页搜索的关键字，将潜在的客户引入了 eBay 网站。

还有，亚马逊从大数据发掘出了最大价值。

从 1998 年 1 月底到 2018 年 9 月 12 日，在亚马逊上市的 21 年里，股价累计上涨了 403.75 倍。但对亚马逊的股价进行研究时，会发现这是和公司发展的不同阶段紧密相连的。

1997—2009 年，亚马逊斥巨资打造现代物流体系，股价缓慢上涨。

2010—2015 年，加大云计算布局投资，股价加速上涨，开始向科技公司发展。

2016 年至今，业绩爆发，股价飙升，公司估值也是水涨船高。

总的来看，亚马逊在经历了巨资投产物流体系、加大云服务等科技领域投资、盈利能力显著提高三个阶段后，实现了从零售商到科技公司的转变。

作为"科技型"的电商公司，在有着技术和物流两大护城河的加持下，亚马逊的云计算服务每天要处理海量的交易数据。

而通过这些购买行为产生的用户信息，亚马逊会从用户在页面的停留时间、是否重视评论，以及搜索的关键词、浏览的商品等类别上，对用户的购买行为进行挖掘并且进行预测。这种强大的数据挖掘能力，令亚马逊摆脱了传统的运营方式，实现了瞄准用户精准营销的运营。

例如，用户在打开网站页面时，看到的画面和页面文字其实并不是随机的，而是亚马逊根据用户数据进行不断的测试，设计出新方案后，找到转化率最高的方案进行布局。

此外，亚马逊的 Kindle Fire 内嵌的 Silk 浏览器可以将用户的行为数据都记录下来，而这些大数据，对亚马逊来说，就意味着大销售量。通过这些数据，亚马逊可以找到适合的销售方向和模式，同时，对于新商业投资项目也有着数据的支撑，可以更为客观有效地推进亚马逊业务。

从这两个例子我们已经能看到大数据对于精准用户提高销售的重要性。从数据分析的整个流程来看，通常是先明确这些数据的需求，然后建立数据指标，从而获得数据，经过分析数据后回到业务本身，如图 3－7 所示。

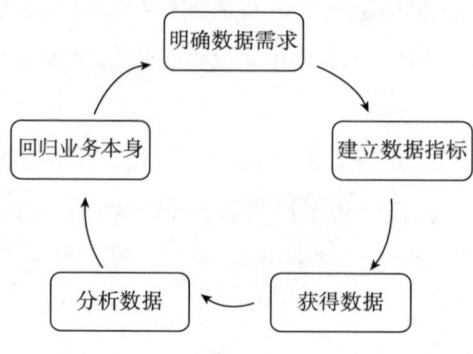

图 3-7 数据分析流程

在这个流程中，需要注意的是，能从中洞察用户的数据指标有哪几类，以及不同的产品或者业务，如何建立能够洞察用户的指标体系。

用户数据指标的分类如图 3-8 所示。

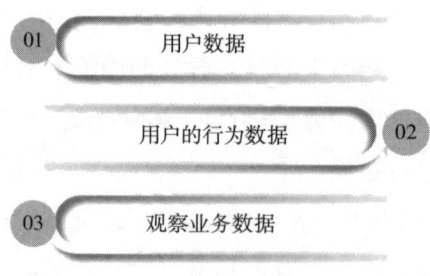

图 3-8 用户数据指标的分类

（1）用户数据。主要是包括用户的存量、增量、健康程度和来源。其中，用户的存量是用活跃数来反映，增量则是用新增数来反映，以及健康程度，一般是用留存率来判断，表示新用户在接下来的一定时间内，再次活跃的比率。

通过比对这些数据，可发现用户的来源，是从网页里（例如，是从用户跳转到此页面的链接，或者是搜索了关键词等），还是 APP（是从应用商店下载，还是自然搜索或者是其他产品的导流）等，结合不同渠道来源的用户对于不同产品的表现，有助于产品在市场里，有针对性地进行推广，以获得更多的用户，同时也为运营提供新思路。

（2）用户的行为数据。掌握用户行为数据，主要是包括用户使用产品时的访问深度，例如，某些需要用户下滑刷新才能加载更多内容的产品，根据其加载的频率，能显示出用户访问的深度，以及统计出某一个商品的活动网页为多少用户浏览、点击等。此外，还包括有效统计用户在一段时间内访问产品的次数，以及使用产品的时长等。例如，哔哩哔哩上市官方宣传视频中，说用户平均每天要使用76分钟产品。

（3）观察业务数据。通常是用户在产品内的行为，例如，电商类的产品，通常是会从总成交量、用户人数，以及人均消费金额和付费用户人均消费金额数据观察，而且，还可观察被消费的内容，从特征、分类和价格进行内容的优化。

3.2.3 根据用户数据建立指标模块

不同的产品对应的是不同的业务需求。考虑到不同的产品有着不同的业务模块，因此，可以将业务需求粗略划分为"产品作为工具""浏览产品内容""产品为交易平台""用户集合群"这四块主要内容。当然，这部分作为举例来阐述的，"根据用户数据建立指标模块"内容里，只是以一部分的产品类型作为分析对象。

对于那些本身具有使用价值的产品来说，按照用户的消费方式可以分为"产品作为工具"和"浏览产品内容"两种。

"产品作为工具"类，是指那些可以直接使用的产品，例如，小视频工具、记账软件、地图等。而"浏览产品内容"类，包括新闻类产品、视频网站等。

至于"产品为交易平台"，是指类似于京东、淘宝，以及直播打赏充值等；"用户集合群"是指"小红书""知乎""微博"，等等。

通过将产品进行分类后，指标体系的选择，就可以如下设置（图3-9）：

图 3-9　产品类型的分析对象

（1）产品作为工具类。目标是用户尽可能多地使用该产品，并且最终形成依赖。类似于百度地图、引擎搜索工具等。因而要将"目标达成率""产品使用频率""产品使用量"等作为参考性指标。

（2）产品为交易平台。目标是用户能反复在该平台上购买产品，并且尽可能提高付费的完成转化率。在这种情况下，主要选取用户人数、购买频率、复购率，甚至充值，等等。例如，喜马拉雅。

（3）浏览产品内容类。该模块是为了提升用户想要浏览的内容，从而让用户投入更多时间，并且与内容产生互动，因而主要选取"浏览数""浏览内容类型""浏览时长""分享率"等作为参考指标。例如，新浪新闻。

（4）用户集合群。该模块的目标是集合有相同兴趣的用户，产生较多的内容并且形成互动，成为一个活跃的群体。因此，主要的参考标准是"发布频率""互动量""用户之间的关系"等。例如，小红书社区。

从总体来说，只有在明确了需要重点关注的指标后，才能对用户心理有进一步的认识，从而深化和改进产品，最终吸引和挖掘到更多用户。

3.3　电商直播当面解决用户痛点

对于用户来说，之所以会关注到企业产品，是因为这个产品会解决他的某些问题，或者是可以满足他的某些需要，就是解决用户痛点。那么，用户痛点到底是什么，如何应用好解决痛点这个利器，让用户关注到产品？这就是本节所要讲述的内容。

3.3.1　用户的痛点

在深入理解痛点这个概念之前，我们需要厘清痒点和爽点，以及痛点之间的区别。

很多人都认为，那些喜欢追韩剧的女孩都是冲着男主角的颜值去的。但是，他们忽略了很多女孩在追剧的时候，会不自觉地代入剧中，并且希望自己能有剧中女主角的运气——即使很普通，但是依然能收割帅气多金且又痴情的男主角。从这一点来说，韩剧之所以受到年轻女孩的欢迎，是因为剧中内容触到了普通女孩的痒点。因此，痒点是激发用户心中的"所要"，让消费者特别向往，特别有兴趣。

而所谓的痛点，则是指能迅速满足用户渴望，甚至有时会因为得不到而感到恐惧。例如，女孩怕自己不够漂亮而没有人喜欢，或者男朋友被抢走，因而去整形，希望获得更美好的自己。但是关于"整形上瘾"，这其实符合了痛点的一个特征：这是可以持续有价值的东西。

至于爽点，则是说能被立刻满足的需求，同时也带来刺激、产生快感。例如，炎炎夏日，在街上赶路浑身是汗，这时就会希望能走进一间开着空调的房子，渴望感觉到每个毛孔都在收缩的爽感。

可以说，痛点、痒点、爽点都能吸引用户的注意，但是，痛点解决的是刚需问题，因此，痛点是用户真正需要、绕不开的需求。企业在开发、推广产品时需要抓住用户的痛点。例如，"怕上火，喝王老吉"，就是触到了中国人普遍的痛点——上火。

3.3.2　以电商直播解决用户痛点为例

随着移动互联网的发展，电商平台已经成为人们购物方式的重要选择之一。但是，传统的电商平台购物，用户只能通过网上信息对商品进行了解，如果商品的信息介绍不完整，那么会对用户的购买决策产生错误引导；同时，模糊不清的产品信息，也会让用户在购买时犹豫不决。

此外，在电商平台购物时，所有社交活动几乎很难延续，通常是在页面上点击商品，选择购买支付，然后就是等着快递员送货上门。这种流程，虽然提高了购物效率，但是传统的购物社交行为消失了。

针对这种痛点，电商直播的出现可以说是恰逢其时，如图3－10所示。

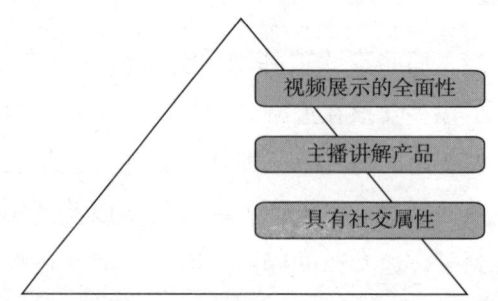

图3－10　电商直播解决传统电商和用户之间的痛点

视频展示的全面性。视频所展示的产品，比图片、文字所展现出来的立体得多，直播可以让产品全方位无死角地展现在用户的面前，真实性、完整性有着显著的提升。

主播讲解产品。通过主播讲解示范、回答用户问题等环节，实现了类似于在现场导购的互动体验。

具有社交属性。电商直播是即时互动的，不但可以问主播问题，还能与观看直播的人一起通过弹幕方式交流沟通,因此,电商直播具有一定的社交属性。

从这几个方面来说,电商直播在很好地挖掘到了用户在电商平台购物的痛点后,继而又做到了利用用户痛点拓展用户价值,目的是为了将用户和直播紧密地联系在一起。例如,电商平台上购物,用户非常关心物流这一块。因此,马云早在2016年就提出了"将在10年内实现国内快递在任何一个地方能够24小时送达,全球快递能够在72小时内送达"这一目标。马云的这一愿景目标,是在洞察了用户痛点后加以拓宽,由此吸引到用户的关注。

类似于马云对用户痛点的洞察和挖深,电商直播对于主播来说,需要考虑的是如何增加直播间人气,使观众持续关注。

通常来说,可以从图3-11所示的几个方面入手。

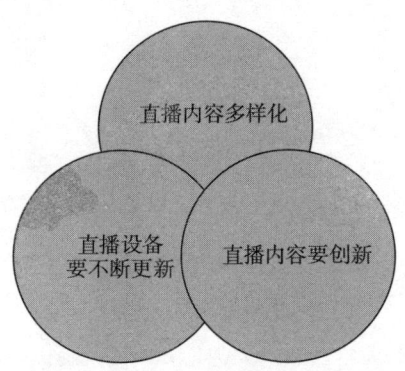

图3-11　让用户持续关注自己

直播内容多样化。由于直播平台的用户群体比较庞大,这导致了用户需求的多样性,因此,为了让用户能够持续关注直播,平台需要提供多元化的内容。

直播内容要创新。即使直播内容比较多元化,但是如果内容平淡无新义,那么要吸引用户持续关注也很难。因此,主播还要在内容上进行再创造和加工。例如,当发现用户对悬念类话题有兴趣时,就应该有意识地将自己要表达的内容以悬念方式直播。

直播设备要不断更新。要站在用户的角度思考直播间的设备创新,让更多的用户和直播主持人可以产生互动,让用户时时保持新鲜感,这有利于用户的持续关注。

总的来说,直击用户痛点后,将用户的价值拓宽,采用多种形式提高用户关注度,更有效地培养用户。

3.4 "天猫离家出走" 吸引用户关注

2009年，斯坦福大学的B.J. Fogg发布了论述行为设计学的模型，叫作Fogg's Behavior Model，简单来说，就是一个公式：B = MAT。B（Behavior）代表用户的行为，M（Motivation）用户的意愿，也就是动机；A（Ability）能力，用户使用的门槛；T（Trigger），触发。我们可以看到，用户的决策是受到外因和内因双重影响。

3.4.1 让用户关注自己

2018年"双十一"开始之前，淘宝出了一个"天猫离家出走"的营销活动，不但赚足了用户的眼球，让更多的用户关注到即将推出的淘宝"双十一"购物节；还能满足"双十一"购物节中主力消费者，那些年轻千禧一代爱玩、"爱猫"的心理需求；同时，利用"天猫离家出走"的方式，让更多的消费者和商家参与其中，引发多级传播，最终引起更大的流量。

"天猫离家出走"，让消费者对于"双十一"活动产生了更为亲切的感受，即使隔着电脑显示屏，都能让消费者和天猫产生互动，从深层次来说，其实是天猫和消费者形成了精神上的沟通，在"寻猫"的过程中，将天猫和消费者之间的关系更为紧密地结合起来，同时重新塑造了消费者的购物体验（天猫已经被塑造成有血有肉的宠物形象），提升了天猫这个品牌的温度感。

通过"天猫离家出走"的营销方式，10月25日至27日，短短三天时间，官方微博就增粉超过28万。

从"天猫离家出走"案例中，我们可以看到，如何利用品牌核心元素让用户关注到自己，在营销中是至关重要的。通常来说，品牌需要挖掘核心元素下的内容价值，加强和消费者的联动，触发消费者的行为动机，并促进他们发生消费的能力，最终完成消费者转化，并且让更多的消费者产生共鸣。

而下面的四小节内容，就是具体分析"如何让用户关注到自己"的理论依据和方法。

3.4.2 用户行为的动机

要研究用户行为的动机，其实很简单，主要是考虑用户有没有这个意愿。例如，春运火车票。因为有着强烈的回老家的需要，同时火车票能连接老家和工作地，因此，用户就会有着强烈的抢火车票的意愿。

但是，如果对于用户来说，回老家不需要坐火车，只要坐大巴，那么用户就不用抢火车票了，因此，也就失去了抢火车票这个操作。

要研究用户的动机问题，不得不提到著名的马斯洛需求理论，如图3-12所示：

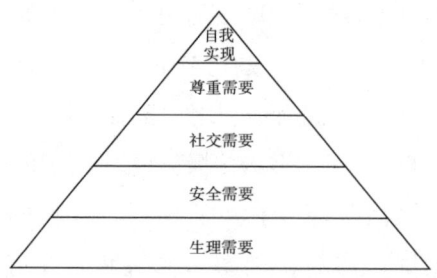

图3-12 马斯洛需求理论

马斯洛的需求理论，共分五个层次，分别是：

生理需要：呼吸，水，食物，睡眠，生理平衡，分泌，性。

安全需求：人身安全，健康保障，家庭安全，财产所有性，工作职位保障，道德保障。

情感和归属的需求：友情，爱情，性亲密。

尊重需要：自我尊重，信心，成就，对他人尊重，被他人尊重。

自我实现需要：道德，创造力，自觉性，问题解决能力，公正度。

其中，马斯洛的需求理论构成了3个基础假设：

生存：只有未满足的需要才能影响行为，满足的需要不能充当激励工具。

次序：人的需要是按照重要性和层次性排列的，例如，从满足生存需求（食物和住宅）到实现高级需求（如自我实现）。

上升：需求需要一级一级地满足，这才会产生逐级上升的内动力。

根据马斯洛的需求理论，很多商家会把一些高层次、非刚需的产品转变为低层次、刚需的产品。例如，很多补习班的口号是"不要让孩子输在起跑线"上。这种表述，很容易就改变了人们的行为。

动机是产生行为的基础，因此，在研究用户行为时，需要重视动机的因素。

另外，影响动机的因素，从心理学角度来说，还有一种人们的共同的心理倾向，也就是说，他们希望自己属于某一个较大的群体，能被绝大部分人接受，这样会使他们有一种被认可、被保护的感觉。

群体对个体的影响，主要是受到"感染"。当个体受到群体精神感染式的暗示后，会产生与其他人行为相类似的模仿行为，这种个人和群体行为模式趋同一致的心理，构成了从众行为的心理基础。

从这一点我们可以得出，产品推广可以利用从众心理有效地影响用户。

从众心理受到的主要影响因素如图3-13所示。

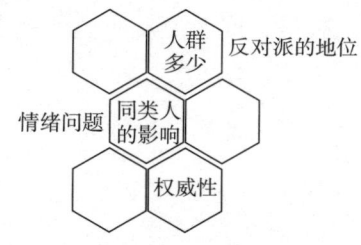

图3-13 从众心理受到的主要影响因素

人群多少。最明显的是，当人群数量达到 3 名或者 5 名时，对用户的影响呈现趋同的状态；但是当少于 3 个人时，对用户的影响则明显降低。

反对派的地位。人群中的反对派或者是犹豫不决的人等，会降低人们的从众心理。研究表明，当一个团队中拥有决定权的人反对时，即使有很确凿的数据，从众的人群也可能从 97% 的高点降低到 36%。

同类人的影响。当人们遇到自认为是跟自己同一类型的人时，影响力会更大。当其他人和自己不是同一类人时，则反对派的声音不是很大。

情绪问题。有证据显示，当人们心情良好时，更有可能随大流。有一种利用人们情绪问题、增加从众概率的情绪控制方式是，先使人们害怕某种可能性，然后对人们的恐惧进行安抚，引导人们关注自己的产品。

权威性。当面对权威人物时，从众心理会变成服从。虽然人们不会盲目跟随权威人士，但是他们的话语，明显在人群中占有比较重的分量。

例如，在某些餐厅吃饭，商家会说，只要拍个照，加上餐厅名字发送朋友圈，就可以餐费打折等。这种行为其实从本质上来说，就是诱导用户分享，并且如果分享多了，人们就会产生去消费试试的念头。

3.4.3　用户行为发生的能力

所谓用户行为发生的能力，是指用户有没有完成这个任务的能力，这也是判断用户是否会去操作这个任务的重要因素。

例如，在"双十一"的抢购中，动机足够的消费者抢商品的能力是不同的。很多秒杀商品，只有网速快、手速快的用户才能在第一时间购买到。而对于那些网速比较慢，或者说反应慢了一点点的消费者，就会跟想要的产品失之交臂。

总的来说，提高人们行为能力的措施如图 3–14 所示。

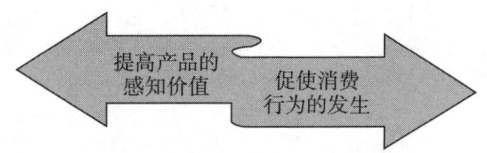

图3-14　提高人们行为能力

在实践中我们已经发现，不管是"提高产品的感知价值"，还是"促使消费行为的发生"，最终都能达到让人们觉得有必要购买的心理。

提高产品感知价值的方式如图3-15所示。

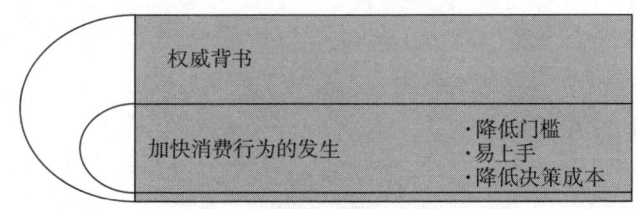

图3-15　提高产品感知价值的方式

（1）权威背书。指的是通过专家认证、明星代言等形式，塑造、提高了产品的感知价值，提高人们的消费能力。

（2）加快消费行为的发生。在促使用户消费行为发生时，要注意降低消费门槛，降低用户行为的成本。例如，很多餐馆在外卖平台上，都会推出"满减"的活动，同时会有免外卖费的优惠。这就令很多用户本来不想点外卖的，算下来感觉比自己做饭、去饭店吃划算，因此，大多数都会愿意尝试点外卖，这其实就是促成了用户行为的发生。

另外，还有一种就是"易上手"的操作。很多软件在开发测试时，对用户的体验感是极其重视的，因为只有降低用户的学习成本，容易上手，才能吸引用户使用。

再有，还有一种降低"决策成本"的方式，例如，当我们在饭店吃饭时，在为点什么菜而犹豫不决的时候，有时会请服务员推荐，但是更多的时候，是会参考菜单上标注的必点菜肴来辅助自己做出点单的决策。

实际上，给予用户太多选择有时未必是好事，因为这会导致用户出现选择困难症。通常，人们在面对太多选择时，会难以做出决策，以至于放弃选择，这无疑对商家"不利"。

3.4.4　触发用户行为

所谓触发用户行为，其实就是指刺激用户，让用户想起来需要去做这个事情的提醒机制。在实践中我们发现，人们的行动并不完全是自己主动选择去做的，更多的是在场景和个人心理因素的双重作用下产生的。例如，明明很想睡懒觉，但是在闹钟的提醒下，人们不得不起床。

但是需要注意的是，触发点起作用的前提，是和用户行为的动机、用户行为发生的能力联系在一起的。

有效的触发点特征如图 3–16 所示。

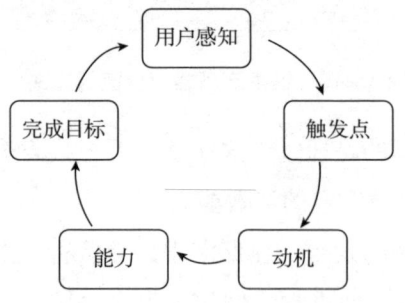

3–16　有效的触发点循环

从用户感知到触发点，到用户把触发点和目标行为结合起来，最后是用户有能力、有动机去完成目标任务，这是呈现环状链条状态的。

例如，用户安装了某个购物平台，该程序的后台总是弹出各种提醒机制，通知用户去看购物平台里推出的活动。这会让用户觉得这个软件好讨厌，总是打扰自己的生活，于是极可能选择删除这个软件。但是，如果这个软件程序和淘宝一样，只会推送用户曾经浏览过，或者是购买过的产品，那么这种通过刺激用户触发点，提升转化率的做法，就比较靠谱。

此外，从这个案例中，我们可以总结出能够刺激到用户行为的，基本有"利益刺激"和"场景刺激"两类。

所谓"利益刺激",我们以商家打折、发优惠券为例来进行说明。例如,有一家服装专卖店,价格很贵,也基本不打折,那么就将很大一部分用户拒之门外了。这其中也包括了对这个品牌服装很喜欢的用户。后来有一天,这家专卖店忽然打了五折,可想而知,这"打五折"的行为,充当了刺激用户购买服装触发器的"利益刺激"。

"场景刺激",例如,某人在朋友圈发了一个在咖啡店看书的动态。本来她是在看书,但是因为自己发了一个朋友圈,所以就总是想打开手机看,谁给自己点了赞,谁又给自己留了言。这想知道自己朋友圈动态的行为,就是一种"场景刺激"的效果。

3.4.5 动机、能力和触发器三要素的使用思考

动机、能力和触发器之间的关系如图 3-17 所示。

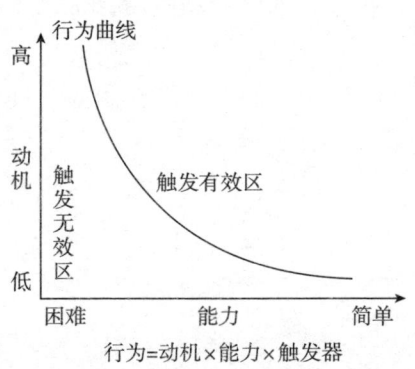

图 3-17 动机、能力和触发器之间的关系

在了解动机、能力和触发器这三要素对用户行为的影响后,我们该如何让用户更好地关注到自己的产品呢?

(1) 尽力提升"动机、能力、触发器"的状态

首先,我们需要在尽可能深入的范围内,深入了解用户的动机,通过大数据分析、用户测试、核心用户场景等分析方式来知晓用户的核心诉求。这对我们明确用户动机有非常大的帮助作用。

其次,要尽力提升用户使用产品的体验感。从产品来说,将每一个设

计步骤都设计合理,符合用户心理,同时要涵盖绝大多数的目标客户,并且也要照顾边缘用户。

最后,在对触发点的刺激上,尽量不要让用户感觉他是被动来使用产品,而是采用温和、软性的刺激,采用大数据分析、社交动因、用户心理分析模型总结出来的刺激点来触发会更适合。

(2)将三要素发挥到极致

能将"动机、能力、触发器"三个要素都配合到位,这种情况固然很好,但是在大多数情况下,三要素并不能完全做到出类拔萃。在这种情况下,就需要在有限的成本内,寻找有效的方式去整合资源。

例如,某个软件,为了提醒用户会跳出提示,而用户觉得反感就会关闭掉信息。这不利于软件的使用率。那么在刺激用户打开软件的触发点上,就要考虑别的方面,如利益刺激,诸如"促销"之类。

可以说,在深入挖掘用户的使用动机后,带来了刺激用户触发点,最终赢得了用户。

3.5 星巴克、达美乐、网易云提高用户留存率

在流量红利期已经不明显的现在,开发新用户,并且寻找到适合的方式留住老用户,对于企业来说,是有效的增长途径之一。

根据数据显示,获得一个新用户的成本,比留存一个老用户的成本高 7 倍,当用户留存率提高 5% 的时候,收益可以增加 25%~95%。

3.5.1 从互联网角度看如何留住用户

提高用户留存率是企业非常重要的目标之一。通常,在判断一个产品是否能留住用户,投资人往往会看以下两点:

用户参与后所产生的收益;

用户离开后自身的损失。

所谓收益,对于互联网产品(比如搜索引擎百度、网易云音乐等)来说,是指当用户在使用这些产品时,会添加自己的数据信息给产品,然后,公司会用这些数据提高用户的产品体验。

而损失,是说用户对产品的"依赖性"。也就是说,产品已经成为用户所必需的东西,或者说,产品已经积累了用户某些价值,一旦停用、注销后,对用户产生了一定的损失。例如,某个游戏中,用户的账户、装备等,已经有了一定的价值。如果账户被盗,或者是换了手机,从 IOS 系统换到安卓系统,很可能导致游戏里的装备无法切换等,给用户带来了经济上的损失,这就是所说的损失概念。

很多社交软件,例如,腾讯 QQ,其 QQ 空间是个人形象的展示,也是网络形象的塑造,一旦停用,个人的使用收益就消失了,这也是一种

损失。

从这方面来说，要想留住用户，不但需要提供可逐步增长的收益，同时还要让用户重视一旦停止使用产品后的损失。这就引出一个用户不再使用产品后的成本问题，也就是用户去使用其他竞争对手的产品需要投入的成本。通常来说，可以从两方面来考核：

竞争对手的产品是否能够更快更好地满足用户需求；

竞争对手的产品，是否能让用户获得更多的利益。

因此，用户的留存率，可以用一个简单的公式来表现：

用户留存率＝用户放弃使用产品的成本－（换用竞争者产品的成本＋放弃产品时的成本）

从这里我们可以看出，竞争对手的产品成本，和用户放弃使用产品时的成本，企业都无法控制。而企业所能控制的，是提高当用户放弃使用自己产品时，需要付出的成本。只要这项成本基数足够大，那么用户就不能轻易替换产品。这就提高了用户的黏性。

3.5.2　增长过后，提高用户留存率的方式

除了一些令人遗憾的原因，例如，用户资金问题、企业被收购，或者是个人自身问题，造成用户流失外，更多状况下的用户流失，其实是可以规避和提前预防的。前提是用户在产品使用中，获得了预期的产品核心效果。

获得产品核心效果，分为两部分进行，如图3－18所示。

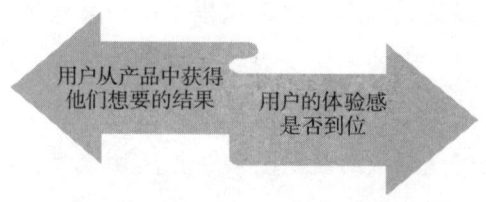

图3－18　用户获得预期的产品核心价值

关于第一点，用户从产品中获得他们想要的结果，从产品角度来说，是企业首要的注意点。产品必须有满足用户需要的核心价值，才能让用户选择。

以互联网产品为例，用户使用产品后，无法达到预定目标的可能性原因有：

产品缺少用户需要的核心功能；

线上体验感比较差；

用户在产品使用中有问题；

产品系统有问题，给用户完成所需目标造成了障碍。

问题的清单还有很多，但总结下来，都是用户使用产品，但是无法获得满足的原因。因此，作为产品开发商，需要深刻意识到产品功能和用户所想要的核心价值之间的差距，优秀的公司从来都不只是意识到差距，还会主动为缩小差距工作。

而第二点，用户的产品体验感是否到位。例如，同样是电商平台售卖耳机，对于普通用户需要的可能是平价范围内的耳机，而对于发烧友来说，他们是将耳机的音质放在第一位，因此，电商平台的宣传侧重点就要有所不同，一个是强调性价比，一个则是强调音效。从这方面来说，适合的产品宣传方案，不只是和产品有关，也和用户想获得的核心价值有关。

实际上，当产品无法为用户提供适当的体验，即使用户能通过产品获得想要的价值，但是也很难有愉悦的满足感。例如，很多用户都抱怨自乔布斯去世后，苹果的创新开始走了下坡路，虽然智能手机该有的功能一个都不缺，但是用户依然抱怨体验感下滑。每个系列的新机给用户带来的体验感都在下滑，因此，苹果手机的销量已经无法像从前一样"啸傲江湖"了。

3.5.3 提高用户黏性的方法

提高用户黏性的最有效方式之一，就是提高用户逃离产品的成本，如图 3-19 所示。

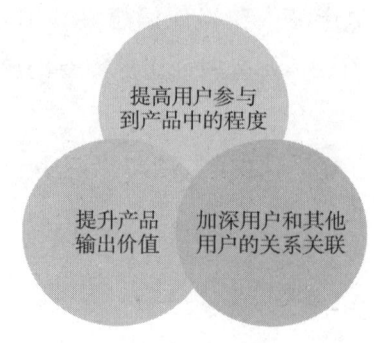

图 3-19 提高用户逃离产品的成本

（1）提高用户参与产品的程度

随着线上流量红利的逐渐消退，单纯靠着简单粗暴、烧钱补贴用户的方式，已经被证明不是培养用户的好方式。那么，在新形势下，很多新项目的推广已经开始聚焦一类目标群体，并且通过提升服务，使用户在对产品进行资金投入后，建立对品牌的认同感，最终达到产品为用户输出价值。

例如，天猫会员、京东 Plus、百度会员等，通过为会员用户提供更为深入和个性化的服务，增强用户在产品中获得的价值感，加大其逃离产品的成本。

在此基础上，企业可以考虑对会员等级进行不同程度的激励，达到不断增强用户黏度的作用。

不过需要注意的是，这种方式更适合处理解决用户痒点的问题。

（2）加深用户和其他用户的关系关联

我们在使用 QQ 好友添加的项目里，会看到有一个"你可能认识"的分类，这个分类会显示出自己和某个好友会有多少个共同好友、多少个共同的群。这其实就是产品在引导用户添加新关联者，最终目的是让用户不断融入产品中。

实际上，Twitter 的增长部门通过研究发现，只要新用户在 30 天内关注了30个好友,那么这些用户的活跃度就会大幅上升。而这其实也就是对产品建立了一种全新的情感关联认知。很多电商已经注意到这一点,他们已经开始通过营造场景建立用户,从而对产品产生情感关联,并且根据用户期望的场景和需求,推荐符合的商品。

用户在产品中越是和其他用户关系密切,那么他们抛离这款产品的成本就越大。试想,就目前而言,如果要用户抛离微信,这就等于抛弃自己的亲朋好友和关系网,成本是非常大的。因此,对于微信来说,基本上不存在用户流失的状况。

(3)提升产品输出价值

例如,在充钱成为搜狐视频会员后,会享有会员特权,但是,一旦会员过期,就会把账号里的观影券冻结。如果要解冻,那么需要用户继续充值,如图3-20所示。

图3-20 搜狐视频

另外,搜狐视频还有做任务攒金币、拉新用户换金币的拉新手段,如图3-21、3-22所示:

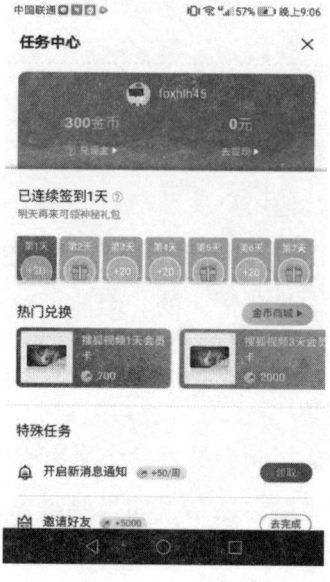

图 3–21　搜狐视频

图 3–22　搜狐视频

通过这种方式,用户在产品中积累的价值越大,就越离不开平台,等于是被平台用利益牵绊住,加大了逃离成本。

3.5.4 星巴克提升用户留存率方式——客户体验

2008年,星巴克的业绩严重下滑。星巴克创始人花了半年时间终于找到症结:当时的管理层为了追求业绩增长的数据而远离了公司的核心价值,令客户体验感下跌,导致用户的流失,造成业绩严重下滑。

问题找到后,星巴克通过一系列的改革,提高了用户体验感,最后挽救了自身。

那么,用户体验感到底是一种什么样的感觉,对一家企业的冲击力居然会如此之大?通常来说,用户体验感包括四大维度,如图3-23所示。

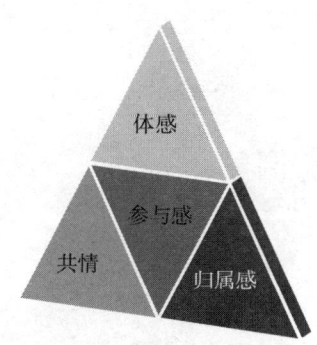

图3-23 用户体验感的四大维度

(1)体感:指的是一种最基础的需求,即生理诉求的满足。例如,三伏天吃冰激凌,犯困的时候涂点清凉油等。体感型的客户体验是最直接的,但是也合理有效,因为生理需求的满足是最直接的既得感觉。

(2)共情:指的是"品牌的人格化",也就是说,用户通过品牌的人格化,进行情绪和情趣上的共鸣性体验。例如,江小白主打"感情",包括年轻人在学业、工作、生活的各种场合,都是喝江小白的场景。

(3)参与感:主要是指互动。目的是为了传播,形成口碑的扩散。类似雷神电脑最终是在研究了用户上万条需求后,总结整理并且开发出的电脑。这样的电脑必然是有消费者基础的,也是受到大家期待的。另外,很多餐饮店希望客户能给一个好评,为的就是形成一个良好的口碑,成为影响他人消费的一个有利条件。

(4)归属感:是指通过自身的吸引力,换取用户的认可和协同,让用户觉得自己是品牌服务的一分子。这也是用户体验的精神归属。例如,小米手机就是通过让用户参与到手机研发,从用户的角度提供各种想法等,让用户感觉自己是小米手机体系里的一分子。

对于任何一个产品来说,用户是产品的护城河。而这条护城河的宽度,取决于用户的黏性。星巴克的用户黏性之所以很高,总结下来,主要原因如图3-24所示:

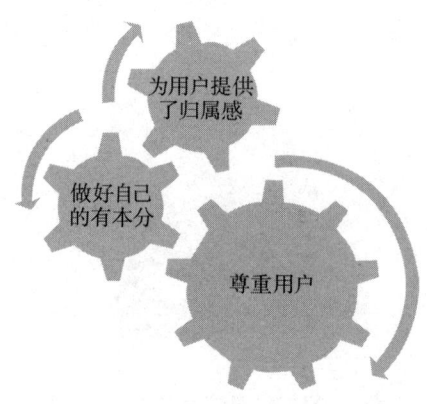

图3-24 星巴克用户黏性高的主要原因

(1)尊重用户。星巴克尊重在 My Starbucks Idea 上的每一条用户留言。最近几年,每天都有超过70条的用户意见被采纳,网站上登记用户的投票已经超过了两百万。

(2)做好自己的本分。作为一家咖啡店,星巴克致力于为用户提供优质的产品和服务。在产品方面,星巴克采用全球供应链管理,在世界各地寻找好的咖啡豆,并且对咖啡制作工作一直在研究和提升。另外,星巴克员工服务热情,以朋友式的交流和第三空间氛围的营造,为用户提供了一种很惬意的体验感。

(3)为用户提供了归属感。这是一种属于星巴克的产品文化,虽然很多咖啡馆、饮品店都在试图模仿星巴克,但是这一点很难学到位,毕竟星巴克的文化根源早在创业之初就已经萌生,通过长时间的沉淀、培育,最终形成。而且,一个品牌文化的产生,绝对不是产品单方面决定的,而是在和用户多年的互动消费中,共同努力和投射的结果,因此,用户也是产品文化的一部分。类似于苹果的忠诚用户、小米的发烧友一样,很多时候关于品牌的认识,都是来自于这些忠诚度极高的用户。

客户体验并不是一个孤立的类别,而是在品牌运营和消费者运营后,覆盖用户消费前、消费中和消费后的共同场景,对用户体验多方位关注,是对用户潜在决策和转化的直接、间接影响。

星巴克在经营中,始终坚持让用户和粉丝参与进来,给予他们充分的话语权,为他们提供站队的机会。只有这样,当产品品牌受到外界非议时,才会有粉丝为品牌辩护,并在这个过程中,用户对品牌的认同感和归属感也会越来越强。

3.5.5 达美乐靠什么留住用户

美国比萨店达美乐,自从1960年创建后,一直是把外送比萨的配送速度和服务质量作为重中之重。为了追求配送速度,不惜努力简化和改进配送,牺牲比萨的口感。

自1960年到21世纪初,达美乐虽然靠着速度的增长法则成为了世界上最大的比萨连锁店之一,但做出的却是全世界最难吃的比萨。

达美乐胜在快速、便利地配送比萨,甚至可以让用户一路跟踪比萨的进度,唯一的问题是,用户总是在不断抱怨比萨的味道。很多人表示,达美乐比萨吃起来就像是纸板,连微波炉的比萨都比它好多了。

实际上,达美乐牺牲比萨口感来达到配送速度,以及为了配送速度而疯狂地开设线下门店,虽然是抓准了点外卖的用户想快速拿到食物的心理,但是,出色的市场营销和便利性能够持续的时间是有限的。如果用户一直不喜欢达美乐的比萨,那么,达美乐最终是会走向失败的。

2008年11月20日,达美乐的股票跌至2.83美元,创下新低。顾客

在社交媒体上评论说,达美乐比萨是他们吃过的最难吃的比萨,完全没有味道,甚至酱汁尝起来也像番茄酱。

"这是一家完全围绕快速而可靠的配送来打造自己品牌的公司。我们一直在讨论配送,半小时甚至更少的配送时间,但它就是没用。我们意识到,世界上每个想吃到够快、够方便的比萨的人,都已经是我们的客户了,但那些想要好吃的比萨的人,没有一个来这里。"Patrick Doyle 这样说。

为了留住用户,并且开发出新用户,达美乐必须要提高用户的食物体验感。实际上他们已经做到了在尽可能快的时间内让用户吃上比萨,接下来,他们要做的是如何让自己的产品发挥出最大的核心价值。达美乐在充分重视用户体验感的基础上,决定彻底改造他们的比萨食谱以回应用户的需求。

2009 年至 2010 年,达美乐一直根据用户的差评来改造比萨,顶级厨师们开始重新设计比萨的食谱,并且根据不同的食材设计菜谱。

达美乐的这一举措无疑是成功的,因为在 2012 年第四季度,营收增长了 7.5%,净利润同比增长了 21.6%。而公众对达美乐的整体看法也从"预订达美乐比萨意味着能尽可能吃到比萨但是需要牺牲口感"转变为"订购达美乐比萨不仅意味着能快速吃上比萨而且还能吃上好吃的比萨",用户这态度 180 度的大转变,说明达美乐赢回了用户。

另外,开发新比萨,让用户发现原来公司是重视他们的留言,关心他们的需求的。这种感觉让用户觉得有归属感,让他们产生愿意参与到达美乐公司 的设计中去。这其实是提高了用户的体验感。

3.5.6　网易云音乐的"以用户为中心"

2013 年网易云音乐发布时,几乎所有人都认为,在 QQ 音乐、酷狗音乐、虾米、豆瓣 FM 等数十款音乐播放器面前,网易云音乐实在是很难跻身进去了。然而,网易云音乐从推出到用户破亿,仅仅用了两年时间,比起用了 6 年时间用户才突破 7500 万的酷狗音乐,和用了 4 年时间用户才突破 7000 万的天天动听,可以说网易云音乐的发展速度非常惊人。

而且，除了发展速度惊人，网易云音乐的用户体验和口碑也一直在线。2018年第一季度中国数字音乐APP市场监测报告数据，APP推荐音乐迎合用户喜好程度，网易的"非常符合"占比39.4%，排第一。

能够取得如此骄人的成绩，足以证明网易云音乐的产品、运营策略是非常有效的，满足了市场需求，解决了用户对互联网播放器的痛点需求。

然而，在仔细研究网易云音乐的发展后，可以看到，其实这款互联网播放器只是抓准抓对了用户环节，并一切运营活动都紧紧围绕用户，从而获得了成功。

这种只抓重点环节的运营模式，很值得我们借鉴。

网易云音乐的"用户环节"运营，其实是深入研究了若干个要点问题。

（1）网易云音乐的用户人群

从消费音乐人群的角度来说，包括学生、白领和时尚人群，这是第一类的用户群。

从音乐人、歌手和唱片公司来说，与网易云音乐之间的运营服务密不可分，属于第二类用户。

这两类用户之间的区别是，音乐消费者偏向于个人获得音乐的直接诉求，包括找到好听的歌、分享喜欢的音乐、评论歌曲歌单、交朋友等。而音乐内容生产者则更多偏向获得收益和资本增值等，比如，歌手为了扩大知名度和获得粉丝数，唱片公司为了增加收入等。

（2）网易云音乐用户的独特性

根据DCCI数据显示，网易和QQ音乐的重合用户数高达1500万，第一类和第二类用户对所有音乐APP也都适用，不过网易云音乐的用户有其独特性，其用户群体的关键词有：分布在一二线城市，"90后"居多，本、硕学历以上居多，高收入居多。而这就和以"00后"为主的QQ音乐用户群区分开了。

网易云音乐的用户关联的是"购买力更强""个性化推荐""注重音乐品质""强调真情实感的互动"等。

(3) 网易云音乐用户购买的重点

对于第二类用户而言,音乐内容生产者购买的是网易云音乐的平台资本,通过这个平台来实现自己的增值。而对于音乐消费者而言,其购买的是基于大数据抓手下的"精准个性化推荐"和"音乐+社交"模式,体现的是"以用户为中心"的价值导向。

在这个方面,用户不再是被动地接受产品和服务,而是可以交流、分享,在功能界面上就能获得尊重。这种良好的参与感,能带来用户对产品的黏性。服务体验背后的支撑思想,是企业的产品和服务,以及发展的定位,从社交体验来说,是一种渗透到生活和工作各方面的感知。

(4) 网易云音乐的用户积累和购买音乐资源渠道

对于在线音乐APP来说,拼的是流量和用户活性等指标。而让用户知道产品,并且了解、喜欢,到下载应用和持续使用,以及推荐给他人,这是获得用户和用户活性的路径。

为了推广产品,网易云音乐通过一些广告造势,例如,成功占领了当时各大媒体头版的地铁UGC乐评等。同时,也重视独立音乐,尽可能多地让用户接触到网易云音乐。

此外,在抓住用户需求后,网易云音乐还在早期邀请高质量用户,通过营造高质量的社区氛围,以及个性化推荐、热门评论和动态等,获得了大量用户。

在用户流量上来以后,在流量变现方面,网易云音乐让用户通过付费和积分商场两种形式购买会员资格。付费会员可以享受音乐包、数字专辑、在线听歌免流量等特权,同时还能购买音乐的周边衍生产品。另外,网易云音乐的特色则体现在为单曲付费下载模式、付费免流量、O2O演出门票和扶持原创音乐人计划方面。

而对于第二类用户来说,则主要是通过交易版权费、投放广告等来购买服务。

(5) 网易云音乐用户的价值体现

对于音乐内容生产者来说,看重的是网易云音乐这个平台,虽然其他互联网音乐平台的用户基数也很大,引流效果也很好,但是毕竟每个平台的用户画像特征不同,因此,作为偏高收入、高学历的"90后"用户群,必然会是成为音乐版权投资方投放资源的重要考虑对象。

而对于音乐消费者来说,网易云音乐的社区氛围、个性化定制歌单、创建歌单以及获得尊重感的优质体验,和能从分享、社交中产生更多裂变连接等,是最重要的价值体现。

纵观网易云音乐的发展历程,可以看到,在资源不占优势的情况下,通过加强产品和服务的品质管理,紧抓"以用户为中心""创新"的价值观,是可以开创出有别于其他同类产品的服务,激发用户的新需求的。

通过用户体验增强网易云音乐的用户黏性,一来使得用户黏性增大,二来能使企业的用户运营成本降低。

3.6 腾讯剔除企业内卷化的方式

所谓"内卷化",指的是在20世纪60年代末,一位名叫利福德·盖尔茨的美国人类文化学家,在爪哇岛生活的时候,看到当地的农耕生活总是重复着犁耙收割、年复一年日复一日的轮回状态,后来,这位学者就把这种现象称之为"内卷化"。这一概念也被广泛应用于政治、经济、社会和文化等研究中。

"内卷化"引申出来的含义,就是指一个社会或者组织、企业等长期以来没有突变式的发展,也没有渐进式的增长,总是在进行简单层次的自我重复。这种状态下,导致社会或者组织、企业无法跟上时代。

3.6.1 腾讯的"赛马机制"

作为一家有着20多年发展史的公司,腾讯为了留住和发展用户,一直都居安思危,不但经历了两次标志性的组织架构调整,而且还以"赛马机制"保证自己内部的创造力和动力,防止内卷化的发生。

腾讯的第一次组织架构调整发生在2005年,当时腾讯以产品为导向,其多元化布局已经完成,囊括了互联网增值业务、游戏和媒体等。

第二次的组织架构发生在2012年,是从以产品为导向的业务系统升级为BG(事业群)制,把对等业务合并在一个部门,方便体系内产品统一协调资源,快速创新和迭代。

腾讯这两次组织架构的变化,定义为"腾讯进化力",每次的调整都是为了顺应时代变化,为的是优化迭代自身。

腾讯企业的"赛马机制"也一直为人们津津乐道,被视为腾讯做出好产品的重要因素。

这个机制最早是因为"QQ秀"这一款产品。

当时,腾讯市场部的新人提出了学习 sayclub.com 社区用户根据自身喜好付费更换造型、购买道具的功能。

虽然市场部和研发部是不同的两个部门,但是管理层听到了市场部新人提出的创意后,给了新人 3 名程序员和 1 名美工。最后"QQ秀"大获成功。

"QQ秀"的成功,让腾讯内部形成一条不成文的规定——"谁提出,谁执行""一旦做大,独立成军"。

在腾讯的发展中,"赛马机制"决定了诸多重要转折点,培育出了"王者荣耀"等"现象级"产品。

马化腾在接受陈晓萍采访时,是这样形容"赛马机制"的:在公司内部往往需要一些冗余度,容忍失败,允许适度浪费,鼓励内部竞争和试错。对于大企业来说,适度浪费、试错,获取在战略大盘的稳定,是必要的。"赛马机制"往往会使得所有资源朝"优马"倾斜。"优马"很可能进一步成长为"现象级"的好马,而"劣马"则逐渐淡出甚至自生自灭。

从用户的角度来看,"赛马机制"之所以能给企业带来发展的活力,是因为企业在发展中,随时都需要站在用户的角度来考虑自己的产品,一定要跟上时代的变化。

而"赛马机制"有着天然的优胜劣汰基因,所有能通过市场验证的产品,必然是受到用户支持的。可以说,"赛马机制"其实就是打破企业内卷化,和市场接轨,不断跟上用户、引领用户行为轨迹的一种刺激企业活跃度的方式。

3.6.2 赛马机制规避内卷化

企业内卷化,就好比是企业的"癌细胞",最终会令企业破产倒闭。内卷化通常是一个让人不易觉察的过程,但是有迹可循。通常,企业内卷化会先从下面几方面开始。

（1）企业文化的内卷化。指的是在制订年度计划时，领导不管具体情况，总是要求大幅增长业绩。为了完成任务，很多部门只能采用各种手段来完成，这容易导致业绩不佳。另外，因为某个管理者长期管理某个部门而形成的人员和职责固定化，容易形成一潭死水，不利于部门工作的创新。而在这一点上，腾讯的"赛马机制"其实就是在刻意打破人员的固定机制，用竞争的方式来调节、刺激部门工作更好地展开。

（2）流程和制度的内卷化。企业做得越大，流程和制度就越容易复杂化，各种审批手续和层层汇报制度不利于企业对外界变化和信息做出迅速反应。腾讯市场部听到研发部人员提出的建议，评估后直接给予人手和经费，就是冲破流程和制度内卷化的表现之一。

（3）人才使用内卷化。很多项目因为提出人的资质不够而不被人重视，这种论资排辈的研发风气影响了企业的创新。腾讯"赛马机制"中的"谁提出，谁执行""一旦做大，独立成军"的理念，打破了内卷化。

第4章

管理极简化：负重前行的企业只会被超越

企业是否具有远大的发展前景，管理也是很重要的因素。优秀的企业总是想方设法简化管理模式，通过极简化组织机构及运营流程等各个方面，轻装上阵，快速发展。

4.1 把企业做小，把未来做好

马云说："大企业一定要做小。21世纪，越小的企业、越灵活的企业越会成功。"如何调节企业规模和企业对市场的反应力，一直是企业发展的重要问题。

很多所谓的"大企业病"指的就是企业流程复杂、体制官僚、员工积极性不高。在这种状况下，企业反应力迟钝，从发展角度而言无疑是致命的。

4.1.1 放权和自组织模式

把企业做小，可以变革授权方式，给予直接接触市场的一线员工决策权，同时将传统的自上而下命令式结构，转变为细胞式的自组织模式。这类组织形式，可以提高企业的效率，协调企业规模和市场反应之间的关系。

模式变革主要是从组织变革和人力资源两部分体现出来的。

组织变革，通过将大组织做小，划小经营核算单位，以及去中心化的管理，将企业管理从中央集权方式转变为小单位管理。这类组织扁平化、管理层级少的组织模式，不但能实现总部平台化、集约化，提高总部对市场一线的支持服务能力，同时也有利于市场对客户做出快速反应，这其实是未来组织变革的趋势。

例如，1997年，佳能采用了被称为细胞式生产方式的自律分散型生产方式，培养每个小组的成员精通多道程序，并赋予每个操作者一线及灵活的生产权力。通过这样的变革，1998年劳动生产率平均提高了50%。

4.1.2 放权的前提

不过需要注意的是，赋予员工一定决策权的前提，是员工有着主动工作的动力，以及员工和企业之间有着除经济利益外的一致目标。只有目标一致，才能使决策权下放后，降低或者避免员工徇私的概率。

通常，企业在下放决策权的时候，会加强对员工的绩效考核。比较好的情况下，当企业实现了以员工为组织核心的考核业务链条时，员工会从领导推动转变为自动自发，并且在适合的考核机制下，员工为了实现团队目标会通过各种方式尽可能多地获得管理者的支持，以此实现积极性最大化。当然在此过程中，可能会有员工对资源争夺，这就需要企业在权力下放的基础上，做好对决策权的管控，对基层组织和员工进行资金和人力的控制，同时将决策权的下放控制在一定的范围内。

4.1.3 放权后要重视人力资源管理

放权后的人力资源管理，要尤为重视，因为打破了传统管辖机制，员工的上升通道也变得多样化。进一步管理和约束员工，可以从以下几个方面入手（图4-1）。

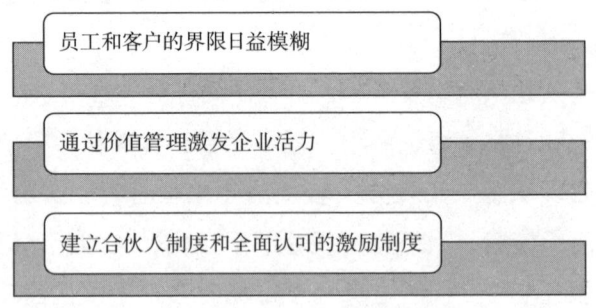

图4-1 人力资源管理的特点

（1）员工和客户的界限日益模糊。很多情况下，客户会成为企业的平台推广者，也会介入设计领域，甚至会参与到生产中。

例如，小米认为，互联网时代企业需要贴近用户，把准用户的需求脉搏。为达到这个目的，行之有效的方法之一就是将用户转变为小米的"员工"，让用户参与到小米的产品设计和研发中，并且推动和传播小米产品。

（2）通过价值管理激发企业活力。用会计核算体系核算组织中每个人的创造价值，并通过机制设计和制度设计提升每个人的创造力，让每个人有价值地工作，最终实现通过价值管理激发活力，激发价值创造能力。雷军说，在小米没有打卡机制，也没有考核机制，而是通过强调员工的自我驱动，强调责任感、使命感，并且一切围绕市场，围绕客户价值来进行协同，并承担起各自的责任和义务。以这种"价值观"的方式来激活员工创造能力，也是小米在互联网时代管理中获得的，经过实践总结出来的员工价值管理方式。

（3）建立合伙人制度和全面认可的激励制度。在强调人力资源优先投资、参与利益分享、参与企业的经营决策时，要做到对普通员工的全面认可激励机制。也就是说，员工为企业所做的贡献，以及所有符合企业价值的行为，企业都要给予认可和评价。例如，腾讯的"赛马机制"中，只要员工提出的创意经过讨论认为确实有发展潜力，就会拨款拨人给予支持。

4.2 价格极简：改写咖啡市场格局

诞生于 2017 年年底的互联网咖啡瑞幸，自 2018 年年初试营业，5 月 8 日开始正式营业后，迅速成为国内第二大咖啡连锁品牌———一年之内完成了 3 轮融资，累计超过 4 亿美元（约合 27 亿人民币）。瑞幸门店数量已经超过星巴克。在国内资本紧缩、市场低迷的形势下，瑞幸咖啡却能逆势而上，引起国内外包括高盛、路透社、BBC 等研究机构和媒体的高度关注。

那么，刚刚崛起就横扫国内咖啡市场的瑞幸，到底是做对了什么，能够如此快速地改写国内咖啡市场的格局呢？

4.2.1 瑞幸咖啡的"价格极简"运作法则

总的来说，瑞幸咖啡是因为采用了"价格极简"运作法则。

一开始，瑞幸咖啡的创始人发现了国内咖啡连锁行业存在"购买不够便捷"以及"价格昂贵"的痛点问题。

购买不方便，指的是很多传统咖啡店都不提供外卖（星巴克后来才与饿了么合作），而对于用户来说，跑到门店买咖啡其实并不方便，尤其是在高峰时期或者是 CBD 区域门店，还要排队，时间成本太高，买杯咖啡很不方便。

价格昂贵，以星巴克大杯 34 元的咖啡为例，原料成本在一杯咖啡里占比非常低，占据成本前两位的是 26.1% 的租金成本，及 15% 的门店运营成本。至于一杯咖啡的利润，在扣除各种其他成本后，大约是 17.7%。

瑞幸咖啡认为，星巴克过度售卖了咖啡的第三空间和品牌溢价，这是极其不合理的。因而，瑞幸咖啡在对传统咖啡行业进行业务简化的时候，采取了几个"价格极简"措施，如图 4-2 所示。

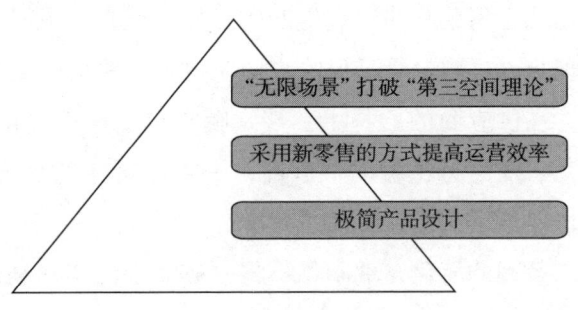

图 4-2　瑞幸咖啡的价格极简管理

（1）"无限场景"打破"第三空间理论"。将大门店由大变小，化整为零，布局到城市各个角落（同便利店的选址角度、空间范围很类似），并且支持堂食和自提、外卖。这种模式一方面可以提高用户体验，同时还能节省租金，降低成本，提高门店收益，简化传统咖啡在房屋租赁和运营上的成本。

例如，麦当劳的"得来速"汽车餐厅其实也属于"无限场景"范畴。所谓"得来速"，指的是让消费者不用下车，就能购买产品的模式。通常是在第一个窗口点餐，在第二个窗口付钱，第三个窗口取东西，之后开车离去。所有"得来速"餐厅都把汽车从进入到离去的时间规定为 3 分钟。这种模式下的"得来速"，门面并不需要大，只要有操作间和销售窗口即可；门店位置要交通便利，通常位于公路入口处和加油站附近。由于"得来速"的经营模式优化用户体验，且节省租金、降低成本、提高收益，因而发展非常迅速。在美国市场，麦当劳的"得来速"占其总店数的一半以上。

（2）采用新零售的方式提高运营效率。依托 APP，将线上线下结合，提高效率。瑞幸咖啡不接受现金交易，这样避免了现金管理中的后续问题；同时，APP 的海量使用，有利于用户画面的形成，监控各个门店的销售情况，同时也方便对接供应商。在大数据的帮助下，可以将门店地址选择在更多用户群聚集地，提高了营销和运营效率。

（3）极简产品设计。瑞幸刚上线的时候，只有经典的十几款咖啡和轻食，同时采用瑞士雪莱和弗兰克生产的最好的全自动咖啡机，这样有利于降低企业管理难度，减轻管理风险，同时也可以将咖啡的制作标准化和简单化。另外，在供应商的选择上，瑞幸咖啡也尽量选择世界上知名企业，以及给星巴克、麦当劳供货的供应商，一方面避免了甄选供应商的烦琐，另一方面，也保证了质量，提高了效率。

经过这一系列的简化，瑞幸咖啡将一杯咖啡的实际利润控制在不超过5%的低毛利率。

瑞幸咖啡奉行"天下武功唯快不破"，从2018年元旦开始在全国试运营，到2018年7月底，用户增长数量已经至350万，在北京、上海等一线城市，门店密度超过了星巴克。

他们的目标是消费者步行500米必有门店，实现规模经济，进一步降低成本。

4.2.2 瑞幸咖啡的"价格极简"实现模式

总的来看，瑞幸咖啡价格极简的内核流程如图4-3所示：

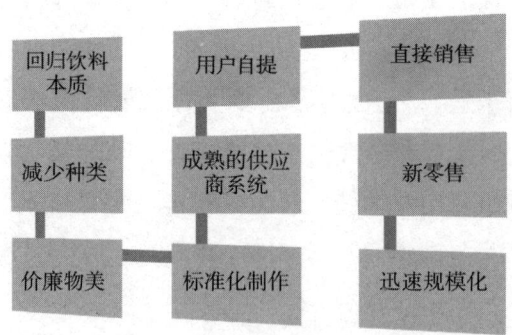

图4-3 瑞幸咖啡价格极简内核

其中，"回归饮料本质""减少种类""价廉物美"属于极简产品再设计，"标准化制作""成熟的供应商系统""用户自提""直接销售""新零售"属于商业系统的再设计，最后的"迅速规模化"，其实就是"价格简化、管理极简"的落地生根。

"极简产品再设计"中，瑞幸咖啡保持产品的简单性，采购体系和生产制作的简单、可复制性，这种化繁为简的方式，其实和福特当年发明"流水生产线"，将产品简化和价格大幅降低异曲同工。事实证明，产品的简化和价值的大幅降低，可以迅速获得一个巨大的规模市场。

"商业系统的再设计"，包括安排协调、联合顾客以及销售的直接性和使用新科技等。这种方式，能让产品和制造变得统一、简单，配送服务便捷，提高客户的体验感，同时也为企业树起行业壁垒，避免企业在短时间内被模仿甚至赶超。值得注意的是，在现实中，因商业系统复杂，以及商业模式不清晰，导致很多创业公司失败。

"规模增长"，则是说在经过以上两个步骤的调整后，在流程极简化后，价格简化是必然的趋势，那么赢得大规模的增长也就水到渠成。

4.3 流程极简: 华为将工作流程优化到最佳

所谓流程,指的是通过一系列重复的、有逻辑性顺序的活动,将一个或者多个输入转变为可量化的输出。从本质上说,流程创造了系列组织。

作为倡导流程化企业管理方式的华为公司,将企业的所有活动都纳入明确的结构化流程来管理,把员工从低价值的、重复性的工作中解放出来。华为在总结自身流程运作管理后,总结出适合自身企业的全球流程管理规则和制度。

所谓流程管理,是一个运营系统、一个业务操作系统。在这个过程中,要完整反映业务的本质,涵盖业务中的关键。

流程管理需要按照业务流程标准将目标和顾客作为导向,以责任人的方式来进行推动和管理。在这个流程中,不论职位高低,都要承担流程规定的责任,遵守流程的制约规则,确保流程运作的优质高效。

4.3.1 华为的流程管理

华为的流程管理,随着市场、大环境的变化而变换,不断适应市场和公司事业拓展的要求,并对原有业务体系流程进行简化和完善。

华为流程管理的内容,分为四个方面,如图4-4所示。

第 ④ 章　管理极简化：
负重前行的企业只会被超越

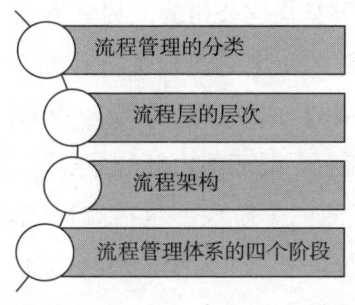

图 4－4　华为流程管理的内容

（1）流程管理的分类。华为把流程管理分为包括战略管理、集成产品开发、客户关系管理和集成供应链在内的运营流程，以及包括各职能部门的管理支持流程。

运营流程不但是公司存在的基础，也是为客户创造价值的流程，为公司的高效执行提供服务和支持。

（2）流程层的层次。这是与管理层次相关联的，不同的流程层次对应了不同的管理层次的工作。其中，中高层的业务决策和端到端的跨职能部门的业务管理，以及二级子流程等，都是为了确保满足主流程的需要，如图 4－5 所示。

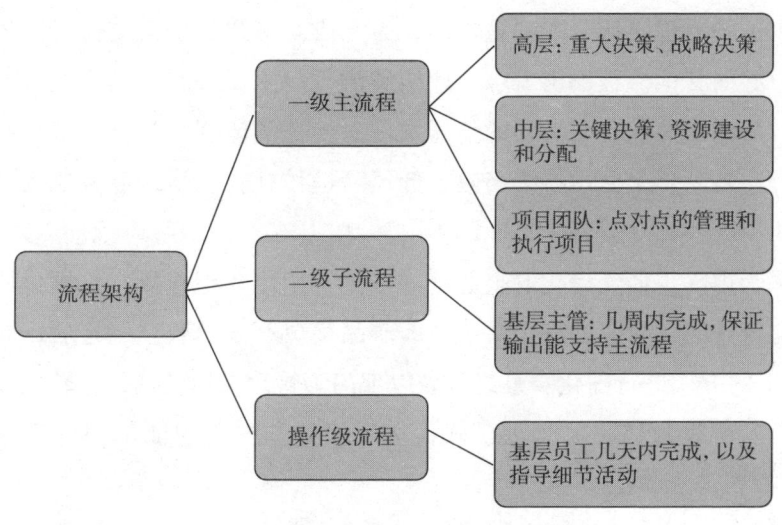

图 4－5　流程架构图

(3) 流程架构。主要是描述公司的流程分类和层次。其中，最基层的架构师，主要是从价值链的角度对流程进行分类：1 层架构的流程，是主流程，跨职能部门端对端的业务流程；2 层架构的流程是职能部门内部的业务流程；3 层架构的流程，是职能内部的分解。

(4) 流程管理体系的四个阶段。包括流程规划、流程建设、流程执行、流程运营，这四个阶段形成了封闭的环状体系。

流程规划主要包括需求管理、版本管理，解决做什么、怎么做的问题。

流程建设是流程过程的资产管理，涉及需求分析、方案设计、文件开发、集成验证、试点确认等。

流程推行是为了解决流程文件的管理，主要是业务适配、组织适配、推行与赋能的工作。

流程运营是应对分层授权与管理机制，包括成熟度评估、流程绩效管理、过程保证等。

4.3.2 华为流程所覆盖的业务

华为的流程覆盖了全部的业务，分为三大类：执行类流程，包括创造客户价值的流程，从一端到另一端，为完成对客户的价值交付所需的业务活动，并向其他流程提出需求；使能类流程，主要是为了响应执行流程的需要，帮助支撑执行类流程的价值实现；支撑类流程，是公司基础性的一些流程，帮助整个公司持续高效、低风险运作存在。华为业务流程的细化如图 4-6 所示。

华为内部提倡流程化的企业管理方式，用流程把重复、机械化的工作模板化，并建立对应的三个系统，即产品集成开发、收款、售后，同时用流程 IT 的方式进行固化。最终打破以部门为管理结构的模式，转向以业务流程和生产线为核心的管理模式，实现端到端的跨职能部门的集成管理流程。

任正非要求："员工参加管理，不断地优化从事工作的流程与工作质

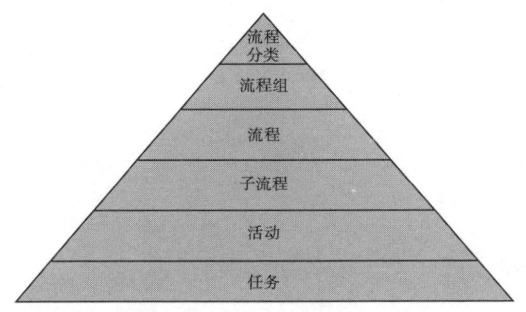

图 4-6 华为业务流程的细化

量……改革一切不合理的流程。"

4.3.3 华为用来确认流程环节安排的三个问题

华为通过"何人、何处、何时"三个问题，来确认流程中各个环节的安排是否合理，一经发现不合理之处，立即推倒重来，以使各个环节保持最佳的顺序，保证工作环节的有序性。

所谓"何人"，指的是这部分工作环节是什么人在操作，他的水平如何，是否是该员工最擅长的，而且，是否存在岗位与员工能力不匹配的现象，如果存在这样的现象，那么如果让该员工调回擅长的环节，换上另外的员工，可以节省多少时间。

"何处"是指，各个环节的操作场所之间的距离远近，以及是否便于工作交接等。

"何时"是说，从第一个环节开始至最后一个环节结束，所需要的全部时间。其中也包括因机器故障、部件无法得到等问题引起的延迟时间和时间安排是否合理，员工是否能在交期前完成任务等。

总的来说，流程化管理能够帮助我们从复杂的、烦琐的工作中解放出来，减少了不必要的摩擦，为工作提供了便捷。

4.4 管理极简：巴菲特三步管理法

巴菲特不只是一个投资大师，他在企业管理方面也有着独到的经验。1965 年，巴菲特收购了前身为纺织厂的伯克希尔·哈撒韦公司。经过 50 多年的发展和并购，伯克希尔已经成为一个包括保险、铁路、能源、工业、投资等业务的多元化集团。截至 2018 年，企业员工总数超过 28 万，旗下的子公司超过 80 家。

但是，如此庞大的企业，巴菲特只用 25 个职能总部人员就将企业打理得妥妥帖帖。这个团队中，主要包括巴菲特和他的合作伙伴查理·芒格、CFO 马克哈姆·伯格、巴菲特的助手兼秘书、投资助理；此外还有两名秘书、一名接待员、三名会计师、一个股票经纪人、一个财务主管以及保险经理。

巴菲特认为，公司如果领导层太多，一是会影响企业运行，二是很容易就会令那些本该把全部精力都放在企业运营上的工作人员，不得不分出一部分精力来处理人际关系等。

巴菲特的管理极简之道如图 4-7 所示。

（1）充分放权

有资料显示，巴菲特最初是想要参与到子公司的管理中的。但是，被收购的子公司行业涉及面太广，他并不能对那么多的行业都做到有所研究，因此，他调整了自己的定位，变成为经营管理者搭建舞台，由经营管理者发挥，自己退居幕后。

正如巴菲特所说，人并不需要面面俱到，但是需要知道自己的长短。

选定了管理人之后，巴菲特大胆放手，他从不要旗下公司的负责人预

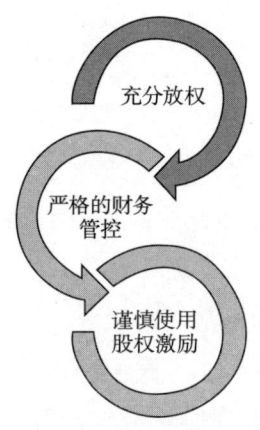

图4-7 巴菲特的管理极简之道

测盈利情况,也不安排会议,更不会将企业精神和文化强加给不同的子公司。

巴菲特给予了他们充分的自主权,坚定不移地支持他们。这样做的结果就是,这些子公司的经营者会根据自己的经验和特长,以及对行业的敏感度来经营,虽然方式不同,但都尽心尽力。

(2) 严格的财务管控

虽然是充分放权,但是这并不代表这些子公司是割据一方的诸侯。巴菲特在微观管理层面放权的同时,对于财务,是牢牢把控的。

子公司经营中所产生的现金流,都是需要交给奥马哈总部,随后,巴菲特作为资本的调配者,将现金投资于那些能产生更多资金的项目,所产生的资金,反过来又给了他更多的投资可能。

巴菲特说过:"我宁愿要一个投资规模仅为1000万美元而投资回报率高达15%的企业,而不愿经营一个规模达到10亿美元而投资回报率仅为5%的企业。我完全可以把这些钱投到回报率更高的其他地方去。"

(3) 股权激励谨慎使用

巴菲特非常反对采用股权激励的方式来奖励员工。他认为,虽然股权激励有时确实能给管理层带来动力,但是,却降低了股权激励获得者的风险,让他们在使用股东资金时,很可能不会进行充分的考虑。

1965年,巴菲特收购伯克希尔·哈撒韦后,并没有授予肯·蔡斯股权激励,而是答应签署一笔贷款,这样肯·蔡斯就能借到18000美元买进公司1000股股票。

巴菲特之所以这样做,一方面,是希望经理人和股东利益能趋向一致,不会随意投资;另一方面,他认为股票期权应与公司的总体表现挂钩,期权只能授予那些负全责的经理人,那些只负部分责任的经理人应当有与他们的业绩相称的激励机制。

巴菲特说过:"在伯克希尔,我们在发奖金的时候不看公司的股价。谁的表现好就应当奖励,不管伯克希尔的股价是涨是跌,还是横盘。同样,即使我们的股票飙升,也不会奖励那些表现平平的经理人。"

4.5 公关极简：解读海底捞致歉信

2017年，海底捞被曝光后厨卫生脏乱差，还有老鼠出没后，三小时内做出回应，发布了致歉信（见图4-8），并且针对这一危机，发布了7条处理通报（见图4-9）。

图4-8 海底捞致歉信

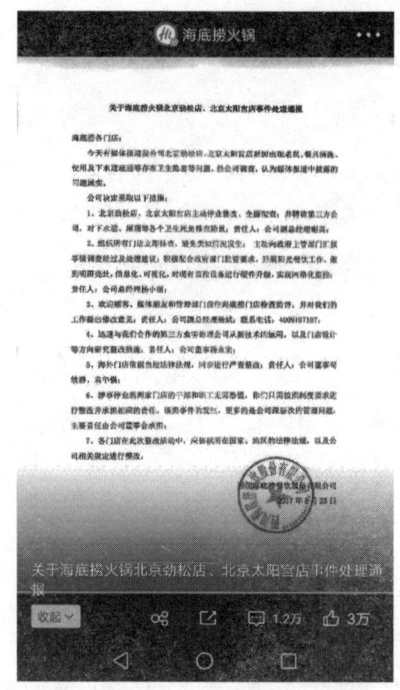

图4-9 海底捞处理通报

海底捞致歉信在海底捞危机发生后,起到了力挽狂澜的作用,巧妙地挽回了消费者。仔细拆分这份致歉信,我们看到,首先,海底捞在强调自己一直在坚守社会责任底线的同时,也对管理漏洞表示自责。"我们感谢媒体和公众对海底捞火锅的监督并指出了我们工作上的漏洞,这暴露出了我们的管理出现了问题",并且承认,"每个月我公司也都会处理类似的食品安全事件"。在这个基础上,表示会将这类事情的处理结果公布,同时鼓励消费者通过官网或者微信平台对此进行核实。

海底捞的致歉信并不只是停留在表面,而是在阐述了实际情况后,于第一时间内解决问题:聘请第三方公司,对下水道、屋顶等各个卫生死角排查除鼠;与第三方虫害治理公司从新技术的运用以及门店设计等方向研究整改措施;公布一系列整改措施的具体责任人的职位、姓名、联系电话。

另外，海底捞表示涉事员工"需按照制度要求进行整改并承担相应的责任"，但也承认"该类事件的发生，更多的是公司深层次的管理问题，主要责任由公司董事会承担"。这一表态为其社会形象挽回不少分。

总结海底捞在危机发生后所做的一系列行为，我们发现，他们的这些行为，严格遵循了危机公关5S原则。

（1）主动承担责任原则。危机发生后，社会组织都要主动站出来，承担全部或者部分责任。在海底捞的这次公关活动中，我们可以看到，海底捞公关发文，承认错误，并采取措施，同时表示公司承担责任。这种不抵赖、不狡辩、快速坦诚的回应，是极其容易获得公众原谅的。

（2）真诚沟通原则。是指社会组织在处理危机时，要本着真诚的态度，说出事实真相，促使双方互相理解，消除可能存在的疑虑和不安。在海底捞的危机处理中，海底捞始终保持诚恳、认真、负责的态度，致歉信中多处提到致歉语句，致歉内容直接关联到所发生的问题，体现了海底捞勇敢承认错误、真诚道歉的品质。

（3）快速对危机做出反应。是说社会组织必须在第一时间内果断行动，快速反应，积极和外界沟通，尽可能地把握主动权，控制事态发展。海底捞的危机处理，在危机出现后几个小时内就火速做出回应，最终将危机妥善处理。

（4）系统全面运行原则。是说在进行危机处理时，必须要面面俱到解决问题，不能留下缺漏。例如，海底捞强调自己一直坚守社会底线，但是，危机发生后，立刻做了检讨，同时涉及"发现问题；正在采取的行动；还将落实的行动；检验上述行动的时间节点；如果承诺的行为没有做到，那么惩罚是什么"，将一场"危机公关"变成"公关管理"。此外，还提到了员工处理原则，不偏袒也不回避，妥善解决问题点。

（5）权威证实原则。指当危机发生后，社会组织要请有权威的第三方出现，解决公众对自己的戒备心理。例如，海底捞在致歉信中提到"聘请第三方公司，对下水道、屋顶等各个卫生死角排查除鼠；与第三方虫害治理公司从新技术的运用以及门店设计等方向研究整改措施；公布一系列整

改措施的具体责任人的职位、姓名、联系电话"等,并且主动与政府和媒体配合,增强了公司的公信力。由此,当处理方案公布后,立刻有大量正面报道跟进,成功地将海底捞的公信力再一次从岌岌可危中挽救了回来。

第5章

变革日常化：释放组织自驱红利

大企业通常都会出现管理上所谓的"双杀效应"。一"杀"是员工没有工作积极性，耗死自己的同时也耗死企业；二"杀"是企业创新乏力，被外部环境扼杀而死。要想避免"双杀效应"，需要企业具备能融入日常工作的变革文化。

5.1 变革不是重点工作，是日常工作

不少企业认为，变革既然起到了决定生死的作用，那就要将其当作重点工作来做。但是，企业的存在并不是为了变革，而是盈利。可能有企业感到疑惑："不将变革当作重点工作，如何让企业获取强大的变革基因呢？"其实，把变革当作企业每日必做的工作之一，融进企业的每个行为中，比把它当作某个阶段的重点工作更有效。企业不会产生中断性变革现象，也不会因为变革而产生压力感。如此，企业的变革才会越来越强大，也才会更加持久。

5.1.1 了解企业变革的形式

正所谓"知己知彼，百战不殆"，只有深度了解变革，才能做好变革日常化的工作，所以了解企业变革的基本形式是必须进行的工作。

（1）根据变革的深度，可分为以下三种形式。

第一，组织结构变革。是指通过改变正式工作结构与职权关系达到改善企业绩效的目的。

第二，企业员工变革。是指通过改变员工的态度、技能与知识基础达到改善企业绩效的目的。

第三，核心技术的变革。一是指把资源转变成产品或服务的任何新方法的应用，包括机械化、计算机化、信息化、人工智能化；二是指企业对自身拥有核心技术的进一步变革。

（2）根据变革的程度，可分为以下三种形式。

第一，适应性变革。是指企业在全范围采取变革前，进行试点，然后

逐步拓展到全范围，使得企业有一定的适应时间。

第二，迎新性变革。是指全新的变革措施，之前从未进行过。

第三，激进性变革。是指在短时间内采取的大规模、强力度、高压力的变革。

5.1.2 掌握企业变革的触点

企业的重大变革不是无缘无故的，而是有一定的触发原因。有了明确的变革信号，企业才能采取行动。

触点一：极致因素。是指一些企业之所以能走上持续发展之路，是因为其掌舵者认识到只有在某方面做到极致，才能获得成功。

触点二：目标因素。是指一些企业之所以能走上持续发展之路，是因为有一个非常远大的目标和梦想。比如，阿里巴巴的目标是为全世界的中小企业服务，为达到这个目标，从而进行持续变革。

触点三：准备因素。一些企业具有先见之明，能提前看到未来的风险。所以，他们会为避免"我们要有麻烦了"而提前进行变革，如此就能在"风险"来临时安然度过。

触点四：危机因素。企业在遇到危机时改变了以往的管理理念，实行了变革。比如，作为2014年最赚钱的玩具高乐高，它在10年前却是处境艰难，日均亏损100万美元，利润率为-20%。在这种危机情况下，其管理人猛然意识到企业如果不转型，不进行变革，肯定会走上死亡之路。

5.1.3 把变革当作日常工作来做

面对变革，企业也要把它当作日常工作来做，可参考以下三点。

第一，拥抱变化，要把变化视为机会，而不是危机。传统思维中，管理者主要关注如何充分利用资源达到目标，所以就把变化看作是对企业完成目标的干扰和障碍，认为它是企业的危机。因此，以拥抱变化、创造变化为己任的探索性活动在组织中通常被边缘化、被抑制。只有在危机来临时,或是必须变化时,才会进行变革工作,并把它当作该阶段的重点工作进行。新思维下的管理者要把变化视为机会,主动拥抱甚至创造变化,借助变革让企业获得更好的发展。但需要注意的是,变革不是一蹴而就的,而是日积月累下的质变。

第二,欢迎异议,要主动创造异议空间。一般来说,人们本能地喜欢赞同、肯定、附议,而不喜欢异议。这是人性的本质,所以管理者要做到欢迎异议很难。不过,在这方面,华为非常值得其他企业学习,因为其掌舵者任正非特别看重"自我批判"。任正非在文章《华为的红旗到底能打多久》中说:"一个企业长治久安的基础是接班人承认公司的核心价值观,并具有自我批判的能力。"为了落实这一点,华为设立了"蓝军"。

这个"蓝军"主要的工作就是挑企业的各种毛病,找到打败华为的各种方法。比如,"蓝军"就对任正非提出的"人力资源管理纲要2.0"讲话提出严厉的批评,言辞十分激烈尖锐。这在其他企业中简直难以想象。任正非知道培养这样一支"蓝军"非常困难,企业和"蓝军"成员都将承受巨大的压力,但是任正非坚持下来了,入选的"蓝军"成员也承受住压力,敢于批评。这都源于浸入华为骨髓的"变革精神",只要对企业好,华为人不管遇到多大困难都会执行下去。

第三,允许"愚蠢"的组织存在。企业如何能不断在日常工作中进行变革?这就需要划小经营单位,丰富企业的演化层次,让企业的变革工作得以在更多层次、更多地方发生,最终提高企业的生存概率。而一旦划小经营单位,就会存在一些"愚蠢"的组织,这类组织虽然"愚蠢",但绝对不是多余,因为它可以帮助企业进行试错。企业要做好变革工作,就要允许一定的混乱、明显的浪费存在。在某些情况下,绝对的优化并不代表绝对的有益。

5.2 阿里在企业文化中植入变革基因

2018年11月26日,阿里巴巴集团CEO张勇一纸公开信打破了周一市场的平静。信里宣布:"阿里巴巴将进行重大组织架构调整,技术、电商等多个核心业务高层将进行重大变更。"

不管是哪家企业,组织架构的调整都不是一件简单的事,也不是一件能轻易执行的事,因为其中蕴藏着极大的风险。一不小心,企业就会毁于一旦。但是,研究阿里巴巴的发展历史,即可发现这并不是其第一次重大组织结构调整。

距离上一次的组织重大调整只间隔了三年。对于频繁的组织变革,张勇曾表态说:"未来企业要适应市场的变化,一定是从组织结构的根本上进行自我改革和升级。不断升级自我,时刻具备拥抱变化的热情和能力,必须成为核心竞争力。"

从阿里巴巴频繁进行组织调整以及各大掌舵者的表态中可以看出,"变革基因已经深深地嵌入阿里的企业文化中,每当出现新的危机以及新的市场机遇时,阿里巴巴就会主动去变革自己,以应对危机,获取新机遇红利"。

5.2.1 阿里变革的依靠是人才战略

与其他企业的被动变革不同,阿里巴巴的组织变化是主动变化,且脉络清晰。之所以能做到如此,是因为阿里巴巴建立了"强大人才资源"。对于阿里来说,人才占领就是自己"变"的基础。

2019年的教师节,马云卸任董事局主席。这一度造成了股票市场的恐慌，但阿里却表现得很冷静。即使掌舵者离任，但阿里还是那个阿里。因为，不管是战略和战术，其完善的组织文化与庞大的人才队伍，都可以保证阿里巴巴的健康发展。就像张勇，他在2015年出任CEO，就给阿里带来一系列关键性变革，并被评为中国最佳CEO。所以，有人才在，阿里无论怎么变革都无惧。

比如，2018年年底，为应对人工智能时代到来而进行的组织变革，阿里巴巴早早就进行了人才战略布局，其布局有三大重点：

第一，提前5~10年开始进行人才储备，并且是体系化的。

第二，清楚顶尖的人才在哪里，人工智能时代热门的云计算、大数据、AI、芯片、机器识别等行业的顶尖人才在哪里，并画出人才地图。

第三，进行全球布局。以前阿里的人才布局是把人才邀请到中国，但现在的做法是直接在全球布局，在重要战略地域建立人才基地。

5.2.2 阿里变革的基础是用户需求

阿里组织机构的变革是为了业务变革而服务的，而业务的变革则是因为用户需求的变化。用户的需求是不断变化的，企业要想业务一直受到用户的认可，那么就要树立"不断重新定义用户需求"的文化理念。通过实时的收集、观察、分析、总结去检测用户需求的变化趋势，跟着用户需求的走势推出业务，而业务的改变自然要引起组织架构的改变，要让企业中更合适的人才去负责新业务。

阿里巴巴在此次的组织变革中，也进行了业务的变革，把天猫升级到"大天猫"。此次的业务升级不仅是因为阿里巴巴在零售业务方面理念的变化或升级，更为重要的是用户需求已经产生了变化。原有的天猫业务已经不能满足当下用户的需求。以往，对于电商方面的需求，用户只要价低物全即可。但是随着生活水平的提高以及认知的升级，用户的需求从低价走向了"品质"。所以为了迎合用户的需求，阿里巴巴必须要对天猫这个业务进行强化，使业务围绕"品质"发展。

除了阿里巴巴，SOHO在这一点上也非常值得学习。

SOHO 原来的主营业务之一是出租写字楼,之所以将出租写字楼作为主营业务,是因为中国企业消费者的需求。但是随着中国消费者需求的变化,传统的写字楼已经无法满足他们。对于现代的创业者来说,他们要的不是一个能放下办公桌的地方,而是能给自己提供更多的资源的现代办公环境。所以,SOHO 在重新定义用户需求之后,推出了"联合办公""共享办公"的新式写字楼,为创业者提供各种资源,比如投资、人脉资源,还包括提供住宿、健身、咖啡等增值服务。

2015 年,望京 SOHO 和上海 SOHO 复兴广场的两家 SOHO 3Q 正式营业,"潘石屹出租办公桌服务"一度在业内引发热议,创业者可以短租一星期、只租一张办公桌或一间办公室。据了解,北京、上海两地的 SOHO 3Q 工位推出不到半年就已突破 1 万个,2016 年达到 4 万个,2019 年已经突破 10 万。

这个亮眼的成绩,让 SOHO 决定改变写字楼的发展方向,从传统的模式中走出来,去寻找更多符合现代办公用户需求的写字楼发展模式。

5.2.3 阿里变革关键点是搭建作战单元

组织架构在变革时,其每个环节负责的工作也发生了变革:有些侧重开拓市场,有些侧重生产交付,有些侧重职能与专业上的支持。但是,真正的企业变革文化,不仅仅是组织架构各环节工作的变化,关键点是搭建作战单位体系并定义其中的关键角色。

作战单元的搭建,其核心点是关键角色的定义,定义时要明确若干问题(见图 5-1):

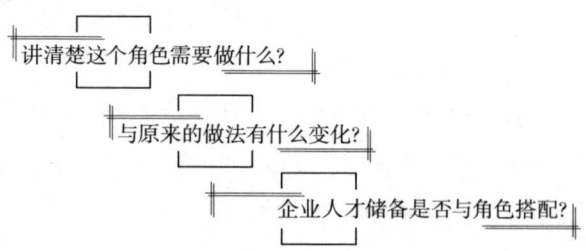

图 5-1 关键角色定义需要明确的三个问题

比如阿里巴巴在 2013 年进行的组织架构变革，就成立 25 个作战单元（事业部），每个事业部都负责专门的业务，并扮演专属的角色。具体分工如下：

（1）姜鹏（三丰）分管：共享业务事业部；商家业务事业部；阿里妈妈事业部（展示广告、P4P、淘客联盟）；一淘及搜索事业部。

（2）张勇（逍遥子）分管：天猫事业部；物流事业部（天网）；良无限事业部；航旅事业部。

（3）张宇（语嫣）分管：类目运营事业部；数字业务事业部；综合业务事业部；消费者门户事业部；互动业务事业部。

（4）吴泳铭（东邪）分管：无线事业部；旺旺与客户端事业部；音乐事业部。

（5）张建锋（行颠）分管：聚划算事业部；本地生活事业部。

（6）陆兆禧（铁木真）分管：数据平台事业部；信息平台事业部；云 OS 事业部。

（7）王坚分管：阿里云事业部。

（8）叶朋（傲天）分管：B2B 中国事业部（CBU）。

（9）吴敏芝分管：B2B 国际事业部；B2C 国际事业部。

5.2.4 变革基因并不是随时可驱动的

一旦变革基因真正融入企业文化中，在面对危险和新机遇时，企业就会自动产生"变革反应"。但是我们需要注意的是，变革基因不是随时都能驱动的，因为变革的成本和风险过高，所以还是要谨慎为之。只有出现以下情况（见图 5-2）时，企业变革才能驱动。

图 5-2　企业变革的四大征兆

5.3 华为组织结构与人员调整双驱动

华为从当初一家只有6人的小公司发展成为如今走在世界前列的知名企业，堪称传奇。其实华为之所以能屹立30年不倒，发展得越来越好，就是因为它拥有强大的变革文化，把变革文化融入日常工作，然后在关键时刻进行大幅度的组织结构变革工作。

5.3.1 根据企业发展做组织变革

纵观华为的发展史，我们可以发现，截至2018年年底，华为已经进行了四次组织结构变革。

第一次，从成立到1995年，直线职能型组织结构调整。华为成立之初，只有6个人，还无所谓组织结构，发展至1991年也才二十几个人，因此采取中小企业普遍使用的直线型组织结构，所有员工直接向任正非做报告。1994年，华为销售额突破8亿元，员工人数达到600多人，原来的组织结构已经远远不能满足如此庞大的员工管理需求。因此，任正非决定把直线型组织结构转变为直线职能型的组织结构。这种结构下，所有的市场营销策略都能第一时间从企业高层直接传递给一线，从而完成营销任务。此外，华为是属于技术、资金、人才密集型的企业，这种组织结构可以让华为集中调动资源，在第一时间形成对华为战略的支撑。

第二次，1996—2003年，二维矩阵式组织结构。1995年后，华为的战略逐渐从集中化转向一体化，从单一产品逐步发展为多元化产品，成为一个能提供全面解决方案的企业。此外，华为也开始转向全球化战略。面对这种转变，直线职能型组织结构的优势已经变成劣势。此时的华为员工已达8000人，继续沿用原有组织结构必定会妨碍发展。因此，华为从划小经营单位开始，建立事业部制与地区部相结合，开始进行二维矩阵式组织变革。因为事业部与地区企业是华为的主要利润来源，总部在对企业公共资源进行管理的同时，又对各事业部、子公司、业务部门进行指导与监督。

第三次，2004—2012年，以产品为主导的矩阵式组织结构。2012年，华为销售额超过2000亿，员工人数增长至13.8万人，正式成为通信业的老大。这个组织太过庞大，原本的组织结构已经给它带来了负担。因此，从2009年开始，任正非就开始酝酿新变革，确定了"以代表处系统部铁三角为基础的，轻装及能力综合化的海军陆作战式"的作战队形，在小范围完成对合同获取、交互的作战组织以及对重大项目支持的规划与请求。在这种模式下，华为能够更有效地就产品展开广泛的交流，并及时发现与满足客户需求，从而有力增强国际市场竞争力。

第四次，从2013年到现在，动态的矩阵式组织结构。当下的华为是一家多元化企业，但是随着全球化发展趋势越来越明显，华为需要面对各种不确定性的风险，因此把员工的矩阵式组织结构改变成动态的，以利于随着战略的调整而调整。当遭遇风险时，就会自动进行岗位、人员的精减；当需要对外发展时，就会自动进行岗位与人员的扩张。

5.3.2 人员调整是华为组织变革的核心

从华为组织变革的轨迹来看，不难发现，它是一个从集权到分权的状态。而一旦涉及分权，就要考虑到人员的问题。只有把权力分给该分给的人，组织结构变革才算是成功。为了保证变革的成功性，华为也制定了一套关于人员调整及驱动的策略。

第一，把人力资源部与干部部区别开。华为宣布成立总干部部时，在工作内容上提出了与人力资源的区别，人力资源部管政策，从业务角度出发，做支撑性、服务性的工作；干部部则直接管人，负责具体执行的工作。比如，招聘政策、不同岗位任职资格的专业操作平台、学习的框架等专业指导性工作，由人力资源部负责；干部部则是负责如何认证一个好干部、干部是如何证明自己优秀的、需要具备哪些条件等具体的工作。

第二，分权、分钱、评价机制是根基。

（1）在分权机制中，分权是要达到两个目的，见图 5-3。

▶ 把工作分好，把工作变简单

▶ 用分工限制人的缺点，不以偏概全评价工作

图 5-3　华为分权机制要达到的两个目的

（2）分钱机制是建立在贡献的基础之上。华为的股权激励机制是许多企业学习的楷模，华为推出这个机制的目的就是让员工意识到只要有贡献就能得到更多的回报。

（3）把评价机制作为一种保障机制。华为的评价机制是评价业绩、能力以及价值观，这个机制是前两种机制的保障机制。

（3）设立专业人才管理机制。一是建立双向人才发展通道。在华为人才发展的金字塔模型中，左边是管理人才发展通道，右边是专业人才发展通道，两者有对应的人才管理流程。二是用选拔制与淘汰制来任用干部。三是不搞竞聘，把团队推荐有实干业绩的基层员工调到中层，同时实行淘汰制，把能力差的中高层调去基层。四是关键岗位轮换调配制，以达到培养中高层关键干部的目的。五是针对关键岗位建立储备队伍。六是建立以任职资格为核心的训战体系。

5.3.3　实行组织结构变革的三个前提

商业历史学家阿尔弗雷德·钱德勒在 1962 年就提出了结构跟随战略。他观察到，"成功的企业的组织架构都是随经营战略的变化而变化"。事实上真是如此吗？华为的成功以及在成功之路上的数字组织结构调整显然证明了这一观点。但是，也并不是所有的组织结构变革能获得成功，需要掌握诸多技巧和方法，而以下几点是实行组织变革的前提。

第一，企业是否具备强烈危机感。有不少领先企业都缺乏这一点。没

有危机就不会有变革；没有变革，领先企业最后也会变成落后企业。一个企业想基业长青，就要随时保持危机意识。任正非总说自己没成功过，张瑞敏总说他如履薄冰，俞敏洪说新东方走到现在不变就得死……成功的企业都有这样的危机意识。

第二，是否愿意打破平衡。一般分为两种情况：一是被动的，已经到了企业面临危险的地步，不得不去打破；二是主动的，企业主动打破平衡，成立良性组织。好的企业多数都是后者。柯达如果能转向数字技术，条件比任何企业都好，但是它却不愿意打破自己，最终走向落寞。

第三，是否有包容变革的组织文化。有些企业因为担心失败，所以不愿意包容变革，像这种没有变革文化的企业变革是无法成功的。华为虽然在30年间进行了四次大变革，但实际上，这种变革在华为不是只有重要时期才会进行，而是每时每刻都在发生的。而且华为也不害怕失败，甚至鼓励犯错，因为只有试错才能慢慢走向成功。华为之所以能如此，就是因为有强大的包容变革的组织文化，它把组织变革当成自己日常工作的一部分。

5.4 苹果由高层领导带动变革

企业变革需要有领头人,需要由高层领导自上而下地带动。在企业里进行变革,单靠流程、工具、制度是不够的,更需要高层管理团队积极投入、完善计划、身先士卒。这才是变革成功的关键。

在这一点上,苹果是最为典型的代表,它的成功离不开乔布斯引导的数次变革。

1976年4月1日,乔布斯与斯蒂夫·沃兹尼亚克在自家车库里成立了苹果公司;在1985年9月17日乔布斯因公司内部原因离开苹果;1996年,苹果公司陷入经营困局,其市场份额由鼎盛的16%跌到4%,与此同时乔布斯收购的公司因《玩具总动员》而声名大噪,其个人身价达到10亿美元。但是乔布斯还是在苹果危难之中重新回归,并进行大刀阔斧的改革。凭借着自身的魅力,以及有效的变革计划,只用一年时间就让苹果从10亿美元亏损转为3.09亿美元盈利,后来更是一度让苹果成为最值钱公司。

5.4.1 用一则广告让员工重拾信心

乔布斯一回归苹果,就发布了一条名为"Think Different"(非同凡想)的广告语。这句"Think Different"被乔布斯认为是苹果最伟大的广告语。而且,从海报、电视到平面媒体,不管是哪个渠道的宣传都得到了好评。这则广告除让用户重新认识苹果之外,也让苹果员工充实了信心。库比蒂诺的办公楼里贴满了海报与广告牌,乔布斯配音的版本则作为宣传视频的一部分在公司内部播放。该广告获得了1998年艾美奖最佳电视广告后,乔布斯还给每位员工发了一本50页的纪念册。苹果认为:"我们的宣传营销除了针对用户,也同样针对员工。"这则广告,在苹果大刀阔斧地改革与裁员时,起到提升被留下来员工的士气的作用。

5.4.2 销毁原来的苹果

在用广告博取社会关注、振奋员工士气的同时,乔布斯还忙着销毁原来的苹果。

第一,关掉Newton掌上电脑和eMate电脑产品线,把支持这两个产品的工程与营销团队全部撤掉。

第二,作废MAC OS销售协议。乔布斯十分痛心自己的操作系统给别人使用,因此他提出把MAC OS操作系统的使用许可卖给克隆机生产商的合同作废,他才会接受临时CEO的任命。这是乔布斯在变革苹果过程中的最昂贵一步,因为撕毁协议会引来诉讼,且需要赔偿大量违约金,或采取其他更高成本的手段。为此乔布斯支付了1.1亿美元和股权收购了在电脑市场中占据10%份额的POWER公司,并接受了部分工程师。

第三,清理存货,降低库存成本。蒂姆·库克被乔布斯从康柏电脑公司挖到苹果,担任首席运营官。库克被称为"存货界的匈奴王阿提拉",对于如何处理库存有自己的一套有效方法。库克到任后的9个月里,麦金塔库存从4亿美元降到了7800万美元。

第四,裁掉冗余员工。于此同时,苹果进行了1900名员工的裁撤工作。乔布斯对此表示:"当上父亲后,裁员时会感到自己于心不忍,但我还是会决定裁员。"乔布斯要求苹果公司的员工必须是最杰出的,除了能力,还有对苹果的忠心。

第五,简化目标,只靠4种产品盈利。乔布斯回归苹果之后,并未立即着手研发新产品,反而大幅削减苹果的产品线,只保留4种基本产品:两种不同型号的台式机以及笔记本,一种服务于普通用户,另一种服务于专业用户。如此,苹果就能把所有资源都集中到这四种产品上,从而研发出最为极致的"爆品"。而事实也证明,乔布斯的做法是成功的。

5.4.3 学习科特变革管理方法

作为一个企业的管理者、掌舵者，除了要学习像乔布斯一样能为企业设计一套完善的变革方案，需要做的工作还很多，其中就包括科特提出的变革管理八步法中的六步。

步骤一：为企业树立紧迫感。当企业内部逐渐产生对变革的强烈诉求时，变革的推行会更加顺利。因此，管理者推动变革的第一步就是在组织内部创造变革的紧迫感，让员工感到滞后的组织结构给自己带来的痛苦。可采取三种手段见图5-4。

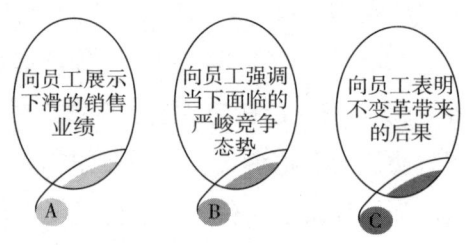

图5-4　树立紧迫感的三种手段

步骤二：组建变革领导团队。团队中的成员不需要是高职位管理者，可以从那些积极寻求变革、同时又具有高影响力的管理者及员工中选出合适的人选。团队组建工作的关键点：一是在企业中寻找真正的"变革领导者"以及核心的利益相关人，比如，乔布斯就是苹果最合适的"变革领导者"；二是与这些关键人士沟通，获取他们最大的支持；三是培养变革团队的凝聚力；四是核减团队构成，确保包含企业每个部门，覆盖不同职位层级。

步骤三：为员工设计变革愿景。在变革初始阶段，变革领导者对于如何传达变革的目标与意义，可能有各种不同的想法。要把这些想法集中起来，形成一个清晰、简短、有力的变革愿景，让员工迅速理解为什么要进行变革，并激励其为了实现变革而努力。

步骤四：做好变革沟通工作。变革计划确定后，能否有效地传达给员工，是决定结果成功与否的关键，因此要做好沟通工作。但要注意，传达变革信息与传达一般工作信息是不同的，变革领导者必须通过有力的方式、借助各种合适的场合，反复向员工传达变革信息，使之深入人心。领导者要身体力行，用变革愿景来指导自己的日常工作以及解决发生的问题，让大家看到自己的行动以及对变革深信不疑的态度。

步骤五：为变革移除障碍。时刻关注变革中可能存在的阻碍，采取措施将其移除。该阶段的主要工作包括：一是查看企业架构、相关岗位的职责描述、绩效考核标准、薪资结构，确保它们能与变革愿景相符；二是鼓励冒险的或者非传统的观念、活动与行为，对积极推动或配合变革的员工进行奖励；三是识别抵制变革的员工，帮助他们理解为什么要进行变革，消除抵制心理。

步骤六：积累短期胜利成果。定期分享变革胜利的果实，除了能激励人心，还能吸引到抵制者参与到变革中。因此，变革领导者可以设计一些切实可行的目标，每达成一个目标，就做出展现。要做到以下几点：一是寻找不需要获得反对者支持就能实现的短期目标；二是目标对资源投入的要求不高；三是分析目标实现可能性，确保万无一失；四是对目标达成员工进行奖励。

5.5 海尔将变革变为可执行的语言

其实早在2006年,海尔如果稍微偏执于利润数据一点,就能出现在世界500强的名单内。但是,海尔并不喜欢迎来颠覆,因为极致的颠覆迎来的往往是"陨落",所以海尔选择在"最好的时光里改变自己"。

在"降速—变革—发展"的过程中,海尔面临过业内质疑、市场否定等各种难题,但随着变革的深入,海尔终于又一次"浴火重生"。2018年,青岛海尔正式进入世界500强。2019年1月10日,欧睿国际宣布海尔连续10年蝉联全球大型家电品牌零售量第一;2019年1月16日,海尔在其创新年会上宣布,海尔2018年全球营业额达2661亿元,增幅10%。

海尔用坚持与变革走出了一条完全不一样的路径。

海尔的变革为什么会成功?答案很简单:"海尔将变革变成了可执行的语言,使之不再概念化、形象化(这也是许多企业变革失败的原因)。"海尔成立至今,已经经历了五次变革战略:名牌战略—多元化战略—国际化战略—全球化品牌战略—网络化战略。现在,海尔面临网络化战略变革。

接下来看看海尔是如何把如此宏大的变革战略变为可执行的语言的。

5.5.1 打造无数小微公司

2012年12月26日,海尔提出第五次变革战略:"正式实施网络化战略,把过去封闭的传统企业组织变成一个开放的生态平台,与上下游的关系从零和博弈变成利益共享。"对此,海尔重新定义了企业、员工、用户的概念,倡导企业平台化、员工创客化、用户个性化(即"三化概念",

详见下文）。这样，海尔划分为三类人：平台主、小微主和创客。

海尔在确定了整个企业生态平台化的大方向之后，就将原来按矩阵方式分类的功能模块变成了平台，并成立了日日顺、海立方新两大平台，并试图在向电商转型的路上依靠"生产"和"销售"两条腿走路。海尔打造这些平台的目的就是为了实现内部创业，也就是"小微公司"。海尔希望通过大平台套小平台、小平台长出小微物种的方式，来丰富整个海尔生态。海尔又把小微公司分成了三类，见图5-5。

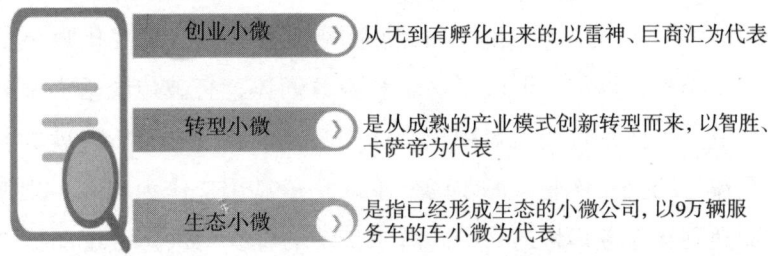

图5-5　海尔的小微公司的三种类型

海尔小微公司的特点是：面向整个市场，能减少部门矛盾，打破企业边界，从而达到做大平台的目的。小微公司比起事业部制运作空间更加独立，反映速度更加敏捷，开放程度更加宽广。

5.5.2　打造"三化"运行机制

转型中的海尔正在探索的是适应互联网时代的模式，也是企业无边界、管理无领导、供应链无尺度的模式。针对这个特点，海尔提出了"三化概念"以应对互联网时代的企业发展特点。

第一，企业平台化。这个概念的目的是打破海尔的边界，打开传统企业的封闭大门，让企业变成一个平台型的生态圈。利用互联网的无边界特点消除企业的边界，把信息主动权交到用户手中。海尔在互联网时代扮演的角色不是"产品中心"，而是"资源中心"，把以前阻挡企业发展的"隐形墙"拆除，以达到有效整合资源满足用户需求的目的。

第二，员工创客化。传统的正三角组织结构中，决策都是由最高决策层发布，但是领导者"高高在上已久"，其发布的决策已经很难满足用户需求。而在互联网时代，把员工创客化，就可以解决海尔以往的问题。海尔把"正三角"颠覆为"倒三角"，让每个员工都能够直面用户，管理者则在底层提供资源支持。海尔试图通过这种无领导的、自组织的、创客化的方式激发底层员工的潜能，让每个人都能够成为创新主体，用网络化的组织实现海尔近10万员工的自组织经营。

第三，用户个性化。在海尔的计划中，用户和企业的员工一样，都会参与海尔的设计研发，并在海尔的动态网状组织中不断变化角色。在海尔，员工、用户、供货商形成了一个利益共同体，打破传统垂直串联的供应链，连成一个体系直接面对用户，让用户从产品的初始阶段就参与，获得一个全流程的交互体验。海尔的变革就是依靠用户作为起点实现逆向改造，从而达到让业务落地的目的。海尔传统的直线型供应链正在被"按需设计""按需制造""按需配送"替代。

5.5.3 用日清工作法量化变革计划

在外界看来，海尔要打造无数小微公司，打造"三化"运行机制，把组织结构从"正三角形"变成"倒三角形"……进行如此一场庞大繁复的变革运动是一件非常困难的事情。但在海尔看来，这并不是一项庞大到不可执行的计划，因为用日清制度对庞大的计划进行了量化，让大目标变成小目标，可执行、可具化、可衡量。

海尔的日清工作法是指每天的工作每天完成，每天的工作要清理并有所提高。其工作法主要内容如下：

第一，三个原则。包含比较分析原则、闭环原则以及不断优化原则。

第二，三个体系。包含目标体系、日清体系和激励体系。

第三，六个方法。包含岗位管理工作法、班组管理工作法、分厂管理工作法、职能部门工作法、经营决策工作法、全员激励工作法。

第四，九个要素。是指"5W3H1S"，具体内容如下：What——标准、

Where——地点、When——进度、Who——责任人、Why——目的。

在日清工作法下,海尔企业内的所有员工都十分清楚自己每天应该做什么、做多少、做事的标准是什么、做事的目的是什么、做事的结果是什么,从而保证了企业各项工作的目的性和有效性。

5.5.4 执行变革需要注意的三点

从海尔的案例中,我们学习到了如何把庞大的变革变为可执行的语言。但在借鉴的过程中,我们还需要注意以下三个要点:

第一,与顶层设计紧密联系。变革与企业的顶层设计密切相关,所以不管环境如何变化,企业又是如何把变革设定为可执行的语言,所有的工作都必须为实现企业的顶层设计服务。

第二,与生态环境同步变革。企业是一种组织,组织是需要不断进化的,只有不断适应环境的企业才能够获得持久发展。通过海尔组织演变过程即可看出,要对环境变化做出敏锐且又及时的响应,就要将变革上升搭配企业战略层面,并随时关注生态环境,与生态环境同步变革。此外,在企业变革的层次上,成长期的企业与成熟期企业的变革内容层次不同,因此企业更要灵活对待。

第三,建立开放式的信息沟通系统。在变革的过程中,要保证企业内部人员与外部市场环境之间的信息沟通渠道的顺畅无阻,如此才能确保员工思想不与外部市场脱节。当外部市场变化时,企业能自动产生部分变革原动力,减少变革的阻力。同时,还要保证这个信息系统的预警作用,当企业将面临危机时,能提前给企业预警,让企业有充分的时间进行变革以应对危机。

第6章

企业平台化：连接多边市场，实现多方共赢

大多数企业都采取了平台化发展或转型的模式。成功者有，失败者更不少。失败的大部分原因是没有找到一条适合自己的平台打造之路。每个企业都应有独属自己的平台打造方法，既要保有自己的特色，也要懂得向外借鉴学习。

6.1 认识企业平台化的转变趋势

钱德勒在《规模和范围》中分析道:"美国、德国、英国是当时世界上工业三强。它们之所以强,是因为有很多大企业、大寡头在控制工业,通过规模效应与范围经济使他人无法进入。这是工业资本时代的原动力。"那么,在互联网时代,企业的原动力是什么?是平台。

在互联网时代,如果企业不做平台,将变得非常脆弱。比如零售业,企业发展得再好,一个电商就能把你击垮。平台其实就像是一个生态圈,把所有的生物都包含进来,让全球的资源都为你所用。此外,也只有平台化了,才能把更多的用户卷进企业中,并参加到企业举办的各种运行活动中。

6.1.1 平台化改造的三种改变

平台化可以为企业带来三个方面的改变。

第一,改变"主角人选"。在传统组织形态中,上级是企业的"主角",其优势是利于统一协调,但却无法及时响应市场变化,对一线员工的工作能力造成极大伤害。平台化后,一线员工变为企业的"主角"。他们直接面对市场捕捉机会,直接面对用户获取需求,创造和分享价值。在"换主角后",管理部分的管控功能逐渐淡化,服务与响应功能得到了强化,成为企业的中后台。

第二,改变耦合状态。平台化企业存在大量的创业单元,它们拥有较为完整的权、责、利,属于独立经营单元。因此,市场机制需要协调它们与其他企业单元平台部门的关系,实现快速组合,有利于驱动任务。这就是海尔所说的"按单聚散",企业组织从紧耦合状态转变为松耦合状态。不过,这并不是指要让企业完全放手,企业要把握总步调。比如,海尔对于旗下的创客小微企业也不是完全放权,而是要求它们按照企业制订的实施计划和评估体系进行,同时还可申请列入内部研讨会,接受张瑞敏等高管的直接指导。

第三,改变开放状态。传统组织的内外界限分得很清楚,对外是完全封闭的状态。但是企业平台化后,内外界限越来越模糊。平台化模式下,企业要有意识地淡化便捷,外引内联,形成开放的组织生态。把用户、人才、投资机构都引进来,通过优化后,留下能创造价值和找准定位的业务单元。而在整体上,它们将趋向一个具备丰富资源并相互连接的生态系统。

6.1.2　平台化改造的三个层次

企业要进行平台化改造,需要从五个层次入手。

第一层,市场。根据企业市场内部分利与交易机制,通过把企业划分为小业务单位,进而转变为自组织结构、独立核算单位,把企业的经营中心下沉,采取优胜劣汰的方式对单元进行管理,同时打通各业务板块间的交易关系,使之能实时联动。最后再在这个基础上引进外部的新创业者加入。

第二层,总部。平台型企业的总部是支撑企业小单元的一切,能否吸引更多创业单元加入到企业中,并使之做强做大,就看总部是否能够提供强大的资源支持。所以,要往平台型企业发展,就要先重塑总部价值。企业的价值定位要从管控型转变为服务型,给创业单元提供帮助、解决问题的价值,而不是全面管控创业单元的发展。

第三层,文化。平台型企业的组织必须有大格局与大气魄,一个只为"利益服务"的平台企业是做不大的,只有通过文化的力量把万千创业团队整合到一起,从使命、价值观上面完成对平台所有主体的融合统一,达到创业单元与企业的双方认同,企业才能打造出一个"巨无霸"平台。

6.1.3 平台化改造的三大注意

企业在平台化改造过程中，不能高估自身成为平台的能力以及平台的战略成效，更不能低估平台改造的实际难度与时间周期。所以，在改造过程中一定要注意以下三个问题。

第一，只选最优秀的创业单元。企业如果整合大量零散业务进入平台，各项业务群龙无首，都是及格线水平，平庸者居多，优秀者缺乏，不但无法提高企业的价值，还会降低企业在市场中的竞争力。

第二，只服务不管控。企业总部对各经营体只注重服务，却缺乏管控，把风险留给自己，把收益留给他人。

第三，工作模式没改变。平台搭建后工作模式还是以往的模式，领导人和核心高管的工作重心与原来并无不同，没有发生任何改变，导致各部门迟迟无法进入状态，影响平台化改造的落地效果。

6.2 海澜之家针对所站梯队执行平台化

2018年全年实现营收190.9亿元,净利润34.55亿元,同比上涨3.7%,这在以往消费者心中"老土、过时的"男装品牌海澜之家是如何实现完美逆袭的呢?还是那个答案,海澜之家进行了平台化的改造。可是,进行平台化转型的传统企业很多,成功的却寥寥无几,为什么海澜之家能够成为少数呢?详细研究海澜之家的改造过程即可发现,其成功的关键点是"针对自己所站梯队执行平台化"。

6.2.1 分析自身情况,找到所处梯队

海澜之家进行平台化改造的第一步就是分享自身情况,找到自己的所处梯队。一般来说,企业可以分为三种梯队。

第一梯队企业特点:

优势:(1)率先完成上市与全国化甚至全球化扩张;(2)借助资金、人才优势快速完成产品及运营模式的升级;(3)实现产品溢价,与后进竞争者拉开巨大差距;(4)完成行业洗牌,成为行业内领先企业。

危机:(1)承受破坏性创新冲击,顶级人才不断流失;(2)本行业天花板已近,纵向或横向一体化完成困难;(3)各行业门槛提高,进入成本巨大,且增长乏力,企业无法完成跨界;(4)用户需求往个性化方向发展,购买行为趋于多元化。

为了解决自身危机,许多处于第一梯队的企业都会采取以下四种方式来提高集中度,实现规模增长(图6-1)。但是,这四种方式不仅成本高昂,而且还可能会面临发展后超出能力范围导致发生风险。

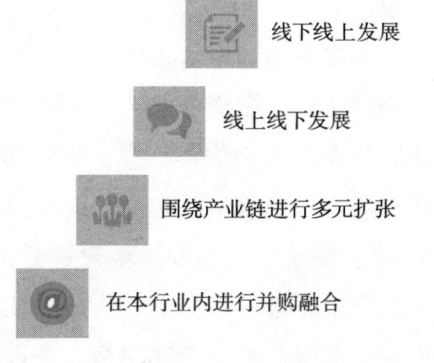

图 6-1　第一梯队企业应对危机的四种方式

第二梯队企业特点：

在区域内或者细分市场内具备一定地位，但承受第一梯队和第三梯队的双面夹击，在成本上无法和第三梯队竞争，在质量、品牌、产品服务性价比上则无法和第一梯队企业竞争，从而导致收入及利润的快速下降。此外，因为下游用户标准在不断提高，低品质高成本的产品自然会被淘汰。同时在行业整体供大于求的背景下，企业没有了用户激励或者研发的资源，从而又导致了企业战略模式不清晰、经营陷入死局的情况。

第三梯队企业特点：

优势是规模小、成本低、运作灵活，以此获得市场；危机是企业散小乱弱，商务能力依赖性高，运营竞争非规范化，因此在低成本风险不断提高、消费者鉴别能力增强的情况下，生存越发困难。

根据三个梯队的企业呈现特点，海澜之家明显是处于第二梯队。海澜之家的用户多为中年男性，在市场中确实具备一定影响力。但是，因为其品牌和影响力还不够出色，所以稍微有点经济基础的高端消费中年男士并不会选择这个品牌。而经济基础较差的中年男性，特别是三四线城市之外的用户也不会选择这个品牌，因为海澜之家对他们来说性价比不高，他们更愿意购买没有品牌的普通服饰。

面对第一梯队和第三梯队的企业的竞争，海澜之家只能把市场局限在一二线城市的白领中年男士，需要注意的是在这个领域内还有其他如七匹

狼、劲霸男装等的市场份额吞噬。此外,第一梯队的企业因为实力强、资源好,已经开发不少与海澜之家相同梯队的品牌,成为市场的搅局者。

在明确了自己的所处梯队后,海澜之家进行了平台化转型。

发挥自身对第三梯队企业的核心优势资源,把管理规范、区域品牌影响力、融资能力等优势提炼为核心价值,建立一个小型平台,以此作为据点纵向拓展,采取"农村包围城市"的方式整合"游击队",将原先在三四线甚至以下线级的店面合成正规军,以此扩大自己的经营体量,加大自己在行业的话语权,实现更大资源的整合和聚拢,采取"先规模—后利润—再升级"的方式,在对抗第一梯队企业的过程中,也逐步让自身向第一梯队靠拢。

6.2.2 多方布局,降低平台化转型风险

海澜之家强化对市场、行业形势的预判与分析,紧紧抓住经济发展与消费升级的机遇,围绕时尚服饰主业,打造生活消费类多品牌管理平台。为打造好这个平台,海澜之家多方布局。

第一,增加门店计划。优化街边店,加大购物中心门店拓展力度。2018年,海澜之家就计划品牌门店净增400家,爱居兔品牌门店净增300家。

第二,完善产品战略。坚持高性价比产品,同时,在消费者需求的基础上进行产品结构优化、丰富品类的同时,加强精细化管理,以实现保证产品品质的目的。

第三,实现企业信息化。积极推进企业以及产业链的信息化工作,以达到强化各端一体化协同作战能力、提高企业与产业链管理水平、加强企业内部横向互动和产业链纵向合作的目的。

第四,融合线上线下。继续推进线上线下融合工作。联合天猫、京东、苏宁易购等优质线上平台,调动门店、电商、移动端等全渠道资源,为与消费者的互动创造更好的支持,从而有效地推进线上线下一体化发展的工作。

第五，创造新服务模式。海澜之家总结核心目标群体特征，首创"无干扰，自选式"的购衣模式，以提升其购物体验。因为男性用户购物目的性强，有较高主见，较为追求服装的舒适度，所以很厌烦他人的干扰。

6.2.3 从三个角度升级平台化

海澜之家的平台化战略是否能做得更好？当然可以，可参考以下三个方法：

第一，重点投资研发环节。在这个需求逐渐苛刻的年代，产品质量只是基础需求，现代的用户更加追求个性化的消费体验。因此，海澜之家如果要做好平台，就要加大在个性产品研发面的研究，以满足用户的个性化需求。

第二，深度控制生产供应环节。要保证能提供最优性价比的产品，就要实现对生产供应环节的更深层次控制，将产业链增值环节所有的冗余价值消灭。当然，为了给用户提供"一站式解决方案"，企业并非一定要亲自涉足多样化产品的生产环节，可通过投资参股的方式加深与现有供应链合作伙伴的关系。如此，既能做到对产业链的深度控制，又能避免过多的冗余价值的产生。

第三，借助新零售改造传统零售。也就是传统零售企业可以从终端门店开始，贯彻研发、生产、物流、终端等全产业链条和体验、购买、支付、拿货等全消费环节的大数据运营，从而实现对人、货、场的重构。常见的方式有消费者行为数据采集、智能化门店场景体验、全渠道零售等。

6.3 京东整合多方资源实现全面平台化

2019年6月18日24时,京东第16个"618"大促完美收官。数据显示京东6月1日至18日的销售额累计达到1199亿元人民币,18天累计销售额是去年同期的320%。能获得如此大的成功,这与其整合多方资源打造多业务模式,实现全面平台化是分不开的。

6.3.1 整合半小时生活圈资源

互联网让用户的需求从空间概念转化为时间概念,用户对产品和服务的需求在半小时内得到满足,因此就形成了半小时生活圈概念。京东新通路为了从"半小时生活圈"中获利,对此进行了资源整合。整合了线下实体店,成立了京东小店,并根据不同的消费场景为用户提供尽可能全面的帮助。此外,还建立了"零售即服务"的生态,提供生活、金融、商业、公益等增值服务。具体表现为代收包裹、充值缴费、家政维修、保险理财、文件打印、爱心捐赠等。

与大部分零售业态不同,京东便利店除了能销售店面陈列的商品外,还能够代售京东线上的海量产品,这为2019年京东"618"的大爆发,提供了有力的帮助。本次"618"期间,京东新通路联合全国多地的京东便利店开展线下"618"活动,通过京东便利GO小程序,就能让消费者在现下门店享受到"618"的优惠活动。

6.3.2 整合数据赋能无界零售

无界零售是京东在2018年提出的一个"新零售概念"。为了实现这个概念，京东整合了品牌商、渠道商、零售商、消费者等四个方面的数据，整合成一个数据生产力体系，以达到为整个零食铺生态系统全面赋能的目的。其具体内容如下：

第一，对品牌商，该体系将帮助其实现更加高效的分销和精准的动销，彻底打通 B2B2C 的完整流通链条，实现线上、线下产品与资源的有效连接。

第二，对渠道商，该体系将帮助其实现更快速的商品流通速度，使其能扩大业务规模，实现智能化管理，降低运营耗损，达到最大程度的利润率。

第三，对零售商。该体系可以帮助其实现智能化的店铺管理，精准的数据可以帮助其做到四点，见图 6-2。

图 6-2　精准数据对零售商的四大赋能

对消费者而言，在该体系下，品牌商、渠道商、零售都得到了赋能，因此，不管是产品价格、消费需求满足、购物过程体验，都能得到极大的提高，从而加深消费者对京东品牌的黏性。

6.3.3　跨界整合资源让京东平台更加完善

京东为快速实现平台化计划，加大平台规模，选择了跨界整合资源，采取投资、并购或者换股的方式，让自己的平台更加完善。京东跨界整合的案例不少，我们可以从与腾讯的再次合作来了解它在这个方面的力度。

与腾讯再牵手。2019 年 5 月 10 日，京东宣布与腾讯续签为期三年的战略合作协议。协议内容规定：腾讯继续在微信平台为京东提供位置突出的一级与二级入口，继续为京东带来流量支持。双方的持续合作，让微信的入口成为京东流量增长洼地。因为微信在社交领域的地位无人撼动，而用户的购物需求从"人找货"变成"货找人"。类似于拼多多、云集等新购物软件，都是借助社交关系链的力量。京东选择与腾讯合作，不管是基于流量入口还是未来的社交裂变，都能够掌握主动权，避免受到其他电商企业的攻击；即使受到攻击，也具备强大的防御能力。

6.3.4　整合资源的四大切入点

我们从京东的案例中看到了整合资源对企业平台化发展的重要性，那么，企业应该从哪些方面入手去整合资源呢？

第一，从上游资源入手，以达到帮助平台形成品牌运营力的目的。整合上游资源其实就是整合产品资源，借助上游资源的优势来调整自己的产品结构，加强品牌影响力。

第二，从渠道资源入手，以达到增强对终端渠道资源的控制能力。对于平台来说，渠道资源是最核心的资源之一。但是，对渠道资源的整合并不容易，很少有企业能覆盖全网络，所以，企业必须利用各种方法整合渠道资源，让其成为平台生态圈中的最有力支撑。

第三，从网络平台入手，以达到拓宽自己平台的目的。互联网企业是最先验证平台化模式可行的行业，因为互联网本身就是一个平台。所以传统企业可以从整合网络平台入手，线上和线下相结合，形成一个良好的多边平台生态圈。

第四，横向整合圈外资源，以达到完善平台生态圈的目的。当用户对平台提出更多的需求时，平台必须尽量满足并形成良性循环。如此既可为自己带来更多用户，也能扩大生态圈。

6.4 永辉设计合伙机制，激活一线员工

不少企业在进行平台化后常常会面临一个难题——"业绩增长极低"。为什么会面临这种问题呢？企业平台化的目的之一不就是为了顺应市场发展趋势、实现业绩高效成长吗？究其原因，是因为一些企业在实行平台化后没有采取一定的激励办法，去激励参与到其中的各利益相关方。什么才是有效的激励办法呢？设计合伙机制。这一点可以借鉴永辉超市的做法。

永辉超市董事长张轩松在一次店面调研时发现："大多数的员工都是当一天和尚撞一天钟，不在乎超市的物品损失，对客户也没有多少笑容和热情。"深究原因后，是因为他们的工资刚刚只能满足温饱的工资无法促使他们拥有对工作的热情。为了解决这个问题，张轩松推出了合伙人制度。

合伙人制度推行后，永辉超市的营业额与净利润每年都在攀升，即使是在竞争激烈的 2018 年与 2019 年。2019 年 4 月 26 日，福州永辉超市发布 2018 年年度报告及 2019 年第一季度报告。根据报告，2018 年永辉超市营业额达 705.1 亿元，同比增长 20.35%。2019 年第一季度，永辉超市营业额为 222.35 亿元，比去年同期增长 18.48%，而净利润为 11.23 亿元，比上年同期增长 50.28%。

6.4.1 永辉超市的"五定"设计

永辉超市的合伙机制设计有着自己特别的一面。

第一，定模式。

(1) 永辉合伙人不享有公司股权、股票，只有分红权，属于虚拟股的

激励模式。

（2）绩效考核方式是在阿米巴思维"人人都是经营者"的基础上建立的，重在激励。

（3）总部与经营单位根据历史数据与销售预测制定业绩标准，超出标准，增量部分的利润按照比例在总部与合伙人之间进行分配。

第二，定对象。在永辉超市的合伙人制度下，可以成为合伙人的对象如图6-3所示。

1 店长、店助	2 四大营运部门人员
3 后勤部门人员	4 一月工作时间超192小时的固定小时工

图6-3 永辉超市合伙人目标

第三，定总量。永辉超市的激励总量为：门店奖金包＝门店利润总额超额/减亏部分×30%；门店利润总额超额/减亏部分＝实际值－目标值；门店奖金包上限：门店奖金包≥30万元时，奖金包按30万元发放。

第四，定条件。只有达到两个条件时，才能参与分红：一是门店销售达成率≥100%；二是利润总额达成率≥100%。

第五，定来源。永辉超市门店合伙人的分红来源是来自增量市场，不涉及实股。

6.4.2　员工高要求是永辉合伙制前提

永辉主营业务是生鲜，并形成了独具特色的生鲜经营模式：营运各个岗位分工明确、职责清晰，店铺端的客流量与同类大型超市相比高出一半，甚至更多。在这种模式下，对基层员工的敬业度、能力、工作状态要求极高，这也是永辉用合伙人制度激励员工的根本原因所在。

比如，果蔬类品类的验收环节，这一岗位除了人品正直、技术过硬之外，还有许多附加条件。在发展初期，这个岗位都由福建本地人担任，并且需要经过经理级别以上的永辉总部人员举荐。

为提高生鲜毛利，验收后还需要进加工间筛选出精品菜进行打包，然后才能被陈列到门店。此时，前场理货员接手，按照人头承包台面，并负责到后场交货以及台面补货作业，保证产品的供给量。此外，还有前场辅助人员，负责翻包、清洁、称台等工作。

永辉超市商品价格波动性极强，一日数变。对此，永辉设置了三个环节的工作：营业前，生鲜经理带着课长对一两百个品种逐一进行定价销售；营业中，根据不同的商品状态。如鲜活度和新鲜度，随时降价；临近闭店时，理货员可以请示经理后大幅度打折将产品卖给顾客。

由此乐见，永辉超市经营的灵活性、岗位设置的细致度、运营环节的精细度，这就对一线员工的一线能力提出了极大的要求。但是，如果在与同类商超同等薪酬制度下，大多数员工是不愿意承担永辉的高要求工作的，这也是永辉超市要推行合伙制来激发一线员工积极性的根本原因所在。

6.4.3　了解合伙制的其他模式

合伙制的模式有很多种，每个企业都有自己适合的合伙制模式。在市场上，除了永辉超市的增量分红模式，以下四种也是比较通用的模式，企业可以根据实际情况做选择。

模式一：虚拟股权模式。这并不是真正的公司股权，本质上是一种分享制，可以把企业或者事业部资产换算成多少股，然后授予员工一定数量的虚拟股，被授予人享有分红权和资产增值收益权。该模式对财务核算要求高，要特别设置进入、调整、推出机制。华为的虚拟股是该模式的典型代表。

模式二：实股注册模式。是指企业与核心员工合资成立新企业，共同运营业务，根据出资额大小确定股份比例，还可以成立董事会共同决策。在这种模式下，企业享有控制权，员工享有经营权和分配权。同时可以通过设计期权池与激励机制，企业一步步过渡股份，激发员工的创业热情。需要注意的是，该模式需要合伙人有一定的资金实力，普通员工可能难以承受。该模式的典型代表是芬尼科技的内部创业案例。

模式三：风险投资模式。是指母公司作为投资人投资员工成立的子公司，母公司只负责投资，不负责实际工作，员工出钱出力都可以。比如，一个项目股资 1000 万元，母公司投资 200 万元，占股 20%，年底分红。一般情况下，母公司会要求基本的资产回报率。该模式对员工的创业能力要求极高。海尔的创客模式是该模式的典型代表。

模式四：内部交易模式。是指员工成立普通合伙企业，内部约定分红比例与经营机制，企业为员工提供低价产品以及门店资源。企业无须给员工发工资，两者从雇佣关系变成合伙关系。如海澜之家的经销商模式就是该模式的典型代表。

6.5 饿了么为平台设定付费方与补贴方

近几年,在线外卖市场进入了高速发展期,外卖用户的规模不断扩大,截至2018年12月,我国网上外卖用户规模达到了4.06亿元,同期增长18.2%,使用比例达到49.9%。其中,饿了么与美团外卖占据了外卖行业的主要市场,在外卖市场呈现双寡头模式,而外卖行业中的企业都是属于多边模式的平台型企业。

多边模式,代表平台生态圈所连接的多种使用平台的群体,被视为连接多个不同的市场,每个市场都能让企业产生支出或者收益。也就是说,平台的多边模式让企业拥有定价弹性,根据自己的需要设定哪边市场的用户是收费方,哪边市场的用户是补贴方,从而达到因补贴方用户数量的增长,促使另一边市场群体支付更多的费用的目的。平台上一边为市场提供费用上的补贴,借以激起该群体中的人们进驻生态圈的兴趣,这个群体是"被补贴方";反之,另一边的群体若能带来持续的收入以支撑平台的运营,这个群体被称为是"付费方"。

平台企业该将哪边市场群体设定为"付费方",哪边群体设定为"被补贴方"?这是需要慎重考虑的问题。一旦设置错误,就会导致平台建立失败。对此,饿了么有自己的一套衡量标准。

6.5.1 根据价格弹性反应

价格弹性反应高低是指一项产品的价格改变时对用户数量产生的乘数影响。价格弹性反应高时,用户数量会下降;反之,会提高。换言之,就是高价格弹性代表用户对价格改变的敏感度较高。当平台提升价格时,如饿了么会员费用、外送费用，价格敏感度高的群体就会放弃使用饿了么；当价格降低时，这些群体更容易被引发网络效应。

因此，价格敏感度高的群体适合作"被补贴方"，因为只要企业采取比同类平台更低的价格策略时，这类群体就会蜂拥而至。反之，价格弹性反应低的群体则适合设置为"付费方"，因为只要平台设置的价格不会有太大的波动，就无法对该用户群体的增减产生影响。比如饿了么的入驻商家，即使饿了么提高抽成，大多数商家也不会选择放弃使用饿了么。因为相比饿了么给他们带来的利润，适当地加价对他们来说还是可以承受的。此外，一些商家也会通过提高单价来提高自己的利润。

6.5.2　根据成长时的边际成本

在平台模式中，如果某一方群体的用户数量增长，企业为服务这些新用户所产生的边际成本能保持较低水平，该群体即可称为"被补贴方"。如果平台在不断发展的同时，补贴的成本也随之升高，最终这个平台还是会崩溃。比如，共享单车行业的大多数企业都是因为随着"被补贴方"数量的快速增长而提高补贴总额导致的破产。

使用者数量增长带动了高边际成本的群体，被称为"付费方"，如此，平台就可以用"付费方"所支付的部分利润来抵消吸引他们所产生的较高成本，就能有效壮大"被补贴方"的整体数量。饿了么的"付费方"为商家与用户，骑手是"被补贴方"，饿了么就是通过用商家与用户的付费利润来抵消吸引骑手所产生的边际成本。

6.5.3　根据是否有多样选择性

如果平台中的群体拥有多个相似平台的选择权，也就是说转换平台的代价并不高，那么向其设置收费的难度就较高，因为他们可以轻易跳到更低的平台，甚至还会引发各平台间的恶性竞价的严重后果。拥有多样选择性的群体更适合成为"被补贴方"，比如，饿了么的订餐用户，就会因为饿了么的外卖配送费用过高、需要成为会员、补贴较少而转换到美团外卖。如果一个群体的可选择性较小，转换平台的成本较高，那么它们就适合成为平台的收入来源，可以设定为"付费方"。根据这一原则，饿了么就把商家设定为"付费方"，因为它如果转换到美团外卖平台，需要付出极大的成本。首先是与饿了么的协议问题，其次，美团外卖也有相当高的商家入驻标准。

6.5.4 补贴模式要根据实际情况设置

平台型企业在设置收费方与补贴方时，不能简单地就把一边用户作为付费方，另一边用户作为收费方，还是要根据实际情况来制定，而不是简单地套用框架。比如，世纪佳缘就采取了找出更愿意支付的使用者作为付费方。世纪机缘的平台连接了"男会员"与"女会员"两边群体，促使他们在平台上进行互动。世纪佳缘并未把"付费方"锁定为全员男方或女方，而是将其定义为"任何愿意购买增值服务的会员"，目标对象不局限哪方群体。

这一点，饿了么也做得非常好。饿了么平台是多边模式，有三种群体：一是订餐用户；二是外卖人员；三是商家。饿了么将外卖人员设定为补贴方，外卖人员的外送费用除了由用户支付，饿了么平台也会补贴一部分，从而达到吸引更多骑手进驻平台的目的；商家设定为收费方，饿了么会收取商家外卖的部分利润；其中最为特别的一点是用户，它既是补贴方也是收费方，因为饿了么为了吸引用户，设置了各种红包活动以及打折活动，红包活动都是由饿了么平台支付，打折活动则是由饿了么和商家一起承担。

此外，上文已经说过，外卖骑手的外送费用需要由用户支出，这就为饿了么节省了大部分的要支付给骑手的工资。饿了么还推出了会员服务，用户只有成为会员才能享受全免或减免部分外送费，但后期饿了么加入阿里巴巴体系后，推出的超级会员无法享受外卖费用的优惠，只能享受四次用积分换商家优惠券的机会。会员费用从最初每月20元到如今的每月10元左右。如今的会员费用早已是支撑饿了么持续运营的"中流砥柱"。

6.6 美团设置平台关键盈利模式

不少管理者都把商业模式当成了盈利模式，认为有一个适合平台化发展的商业模式，就一定能成功。其实这是大错特错。平台型企业，应该说任何模式的企业如果要获得成功，首先就要设定好自己的"关键盈利模式"。

这一点，美团在成立之初就已经充分意识到。在刚成立时就为自己设置了佣金、广告、服务费等四种盈利方式。关键盈利模式的成功设置，让美团在团购市场普遍不景气的情况下却能做到稳步增长，成为团购行业的第一平台型企业。

2019年3月11日，美团发布全年业绩报告，报告显示：2018年美团实现营业收入652.3亿元人民币，较去年同期增长92.3%；2018年总交易额达到5156.4亿元，同比增长44.3%；年度交易用户突破4亿，同比净增长1亿用户；商家增长至580万家，同期增长32.1%。

6.6.1 佣金、广告为主要收入

美团网最初设立的盈利模式虽然非常简单，但是效果却不错，主要为佣金和广告。

第一，佣金模式。这是当时大多数团购平台企业都会选择的盈利模式，也是美团网最主要的盈利模式。该模式的具体方式有三种，见图6-4。

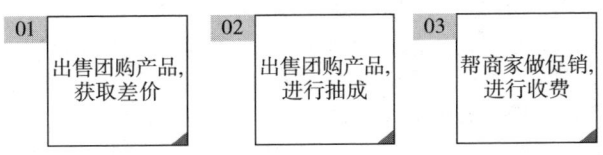

图6-4 美团佣金模式的三种具体方式

第二，广告模式。基于美团网的高流量多会员的情况，它的广告功能得到了极大凸显。对商家来说，美团网是一个非常好的广告平台，加入美团就等于直接把客人请到店里来，让客人能与自己的产品面对面地交流。虽然有些商家的产品不适合团购，但也可以直接针对不同地区的人群放置不同的广告，有效提高用户的便利性。

6.6.2 根据平台发展优化盈利模式

其实美团网的盈利模式并不是一成不变的，它会根据市场以及自身业务的发展更新盈利模式。比如，虽然佣金还是美团网的盈利模式之一，但已经不是最主要的盈利模式。现在，美团网的盈利模式主要是美团外卖。

根据美团发布的2018年财报显示：2018年，餐饮外卖实现381.4亿元的收入，同比增长81.4%；毛利总额为52.7亿元。餐饮外卖交易数从2017年的40.9亿笔增至2018年的63.9亿笔，增长56.3%；2018年日均餐饮外卖交易数为1750万笔。

除了美团外卖，到店以及酒旅业务2018年营收同比增长46.0%，实现158.4亿元，毛利总额达到141.0亿元。与此同时，酒店预订业务也实现了大爆发，国内酒店营业额由2017年的2.1亿元增至2018年的2.8亿元，同比增长到38.5%。

6.6.3 打造盈利模式要回答的若干问题

盈利模式的打造工作既庞大又繁杂，需要掌握的方法、技巧、理论多不胜数。但不管涉及哪些方法和理论，都必须回答以下问题：

第一，你的用户是谁？找到你真正需要服务的人群了吗？

第二，用户偏好如何变化？是否了解过往用户群体消费习惯产生了哪些偏好？未来可能会发生哪些改变？

第三，是否找到有价值的用户？你的用户愿意为你的价值买单吗？

第四，如何为用户增加价值？是否找到用户消费前、消费中、消费后的价值增加点？能否据此设计出符合用户切身利益的附加值？

第五，如何让用户选择你？你是否拥有其他企业不曾拥有的优势？

第六，你的竞争对手是谁？对方的商业模式是什么？对你造成什么样的影响？

6.6.4 了解五种基本盈利模式

实际上盈利方式有很多，但是有不少平台企业喜欢自己创新盈利模式，虽然这是获得成果的最佳途径，但是完全创新商业模式的风险太高，我们在现实中也看到过不少失败案例。所以，如果能用已经被验证过的盈利模式来设计自己的平台，风险就会低许多。市场上流行的基本盈利模式有以下五种：

第一，关系服务模式。是指通过与用户建立长期稳定的关系以达到盈利的目的，建立关系的基础是能为用户提供令其满意的产品或服务。比如，小米科技与其用户的关系，就是依靠优质的产品和服务建立并维持的。

第二，产业标准模式。在一个还未成熟的产业里，如能让自己的企业标准具备先进性与可参照性，就应该尽可能让它成为产业标准，一旦成为标准就能让企业站在利润的制高点。比如，华为想让自己的5G成为行业标准。

第三，用户解决方案模式。是指针对用户的问题，提出解决的思路以及行动计划的盈利模式。比如，海尔的定制产品就是属于这种模式。

第四，速度领先模式。是指通过保持比竞争对手更快的速度对用户需求做出反应而建立的盈利模式。英特尔在这一点就做得非常好，它将最终用户确定为目标用户而不是机器设备制造商，因为它知道用户永远不会满足。在这种情况下，英特尔始终比竞争对手快一步抓住用户变化的需求，并快一步满足。

第五，产品金字塔模式。是指为用户提供全方位的产品，可以充分满足各个阶层的用户，从而获取利润的盈利方式。比如华为手机就开始逐步建立这种模式，用低端产品，如 NOVO、荣耀系列起到防火墙作用，用高端产品，如 P 系列、折叠手机来获取主要利润。

第7章

规则主导化：掌握话语权的企业才能走向未来

德鲁克说："企业最大的危机是未能意识到市场形势已经发生变化。"未来市场形势究竟如何？毫无疑问，就是由寡头企业主导市场规则的经济格局。未来各个行业中的龙头企业将不断加大市场份额，其他企业要么被寡头企业兼并，要么被淘汰出局。

7.1 只有第一才能制定规则

在市场搏杀中,企业都热衷于竞争,也更习惯于竞争,都在试图用各种竞争来获得制定规则的主动权,但结果往往适得其反,"两败俱伤"者比比皆是,"全军覆没"的案例更是不在少数。对于各种竞争后的惨烈局面,大多数企业都已经麻木,因此也从未去思考:"企业竞争的最终目的是什么?市场竞争到最后剩下的是什么?企业是否要一直处于竞争的状态?"这些问题的答案都指向一点,就是成为行业的寡头。竞争的目的是成为寡头,竞争的结果是成就寡头,摆脱竞争状态的方法是成为寡头。只有成为行业第一,成为寡头企业,才掌握市场话语权,主导市场规则。

7.1.1 未来市场,第一制胜

如今,呈现寡头状态的行业已经越来越多,比如电商行业。经过多年的残酷厮杀,现在的电商行业已经处于金字塔状态。天猫已经站在了高高的塔尖;京东、唯品会、拼多多等稳居中上,占据一定的市场份额;其他的小型电商企业在底端挣扎,希望能牢牢地占据金山一角(图7-1)。

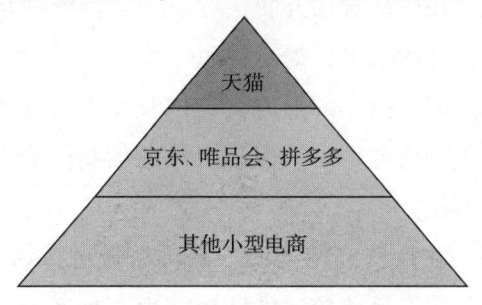

图7-1 电商行业生存状态

从金字塔的排列顺序，可以明显看到，天猫已经处于电商行业的塔尖，且是一家独大。每年的"双十一"，天猫都能刷新销售纪录，主导这个电商市场的规则。

成为主导市场规则的寡头企业显然是一件极为有利的事，比如估值和上市。2019年3月1日，上交所发布的《科创板股票发行上市审核规则》规定的科创板上市标准中，尚未实现营业收入、未来发展空间大的估值40亿元以上的企业就可以提交上市申请。2019年的寡头企业的估值，蚂蚁金服、今日头条、滴滴出行会别以1500亿美元、750亿美元、450亿美元排名前三，这些企业如果想上市就可以马上提交申请。

与寡头企业获得的利益相比，部分行业中小规模企业的则呈现增长缓慢和倒退趋势。随着寡头经济市场的进一步发展，这种现象会愈演愈烈，最后寡头企业占据大部分市场，中小企业要么被兼并，要么被淘汰。

7.1.2　成为第一的综合优势

为什么那么多企业都想成为第一？因为成为第一可以带来以下几个优势：

第一，利于融资。在融资方面，能具备强大的经济实力，因为破产风险小，能以最低利息得到数额庞大的贷款，从而极大地节约筹资成本，并保证资金的可持续性。

第二，利于生产。因生产规模巨大，如无特殊情况，寡头企业一般都能获得规模效应，使单位产品的成本大大减低。

第三，利于管理。在内部管理方面，可通过实行统一指挥、分工负责的内部管理机制，降低管理成本，提高管理效率。

第四，利于创新。因有强大的财力支持以及完善的人才制度，可以吸引大量人才并投入大量的研究费用，保证自己的创新优势，源源不断地推出新产品或提高产品性能。

第五，利于经营。在持续经营方面，寡头企业已经占据了市场优势，所以在各方面平衡盈亏，并具备较强的应变能力与生产能力，企业倒闭风险较小。

7.1.3 认识寡头企业间的独立关系

寡头垄断企业间的关系非常复杂，他们是相互依存又激烈对抗的关系，不过，他们的相互依存关系较为隐蔽，一般很难被外界察觉。在寡头市场中，一般并不仅仅只有一家企业，每家企业都占据部分市场份额，因此，单个企业产销量的变化带来影响并不大。一家企业决定稍微降低其产品售价以提高销售量，其他寡头企业丧失的用户也非常有限。但如果是双寡头市场的企业，则影响较大，一般都会根据对方的变化而采取相应的应对措施。

外卖行业现在就是属于双寡头形态，比如，饿了么与美团外卖。因此，当其中一家企业采取某一种行为来扩大市场份额时，另一家企业也必须做出相应的应对。如饿了么降低外卖配送费以抢夺市场，美团外卖也不得不采取相应的措施，以防止市场被夺走。

7.2 迪士尼打造极致用户体验

迪士尼创造了一种不同于世界上任何一家企业的绝佳体验,因此深受用户的喜爱。毫不夸张地说,在全球范围内,可能没有任何一家企业在让人收获乐趣、幸福感与成就感以及享受服务与乐趣上做得比迪士尼更好。这也是它能成为动画以及游乐园行业的顶级寡头企业的原因所在。如果企业想成为寡头企业,就需要仔细分析迪士尼在打造极致体验上做了什么,用了什么理论,使用了什么方法,可否有相似之处供自己借鉴。

7.2.1 用"秀"打造深刻印象

迪士尼就像是一场"秀",让用户每次经历都能加深印象。迪士尼不仅能把印象描述出来,还能将其分为三种类型,见图7-2。

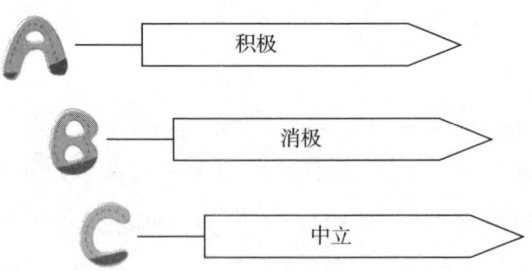

图7-2 迪士尼将印象分为三个类型

"消极"和"积极"的两种类型的意思很好理解,就是负面印象和正面印象,而"中立"则是指企业并没有做出任何让自己或自己的服务区别于其他竞争者的事情,因此很难让用户留下深刻的印象。

印象是决定企业与用户关系变化走势的第一要素，用户每次与企业进行接触，都会形成自己的看法，而这个看法会直接影响用户的行为。好的印象会形成好的看法，好的看法则会让用户产生下一次对企业接触的行为。

在创造绝佳印象上，迪士尼将其做到了极致。毫不夸张地说，它们无时无刻不在创造极致印象。比如，从进门处如红毯般涂满颜色的水泥地，对用户离开时伴随的温暖与友好的微笑，都给用户留下了绝佳的深刻印象。此外，迪士尼还创造了一个创造绝佳印象的公式：

事先设计＋反复练习＝绝佳印象

迪士尼的经营理念是把用户所能见到的一切事物都加以精心编排并呈现。所以，迪士尼内所有的演职人员所做的90%工作都是经过事先筹划和编排的。比如一个《冰雪奇缘》，舞台剧时间只有几十分钟，但在正式表演前，整个表演团队每天都在制作中心反复排练。这就意味着"印象"兼具先天性特点与重复性特点，可以通过事先设计和反复排练而获得。

7.2.2 输入当地特色，符合用户需求

迪士尼乐园呈现童话最成功的一点就是输入当地特色，符合所在地用户的需求。在建设香港迪士尼乐园时，就融进了很多本土文化，以便让当地的用户能从迪士尼乐园处获得更好的体验。比如，在乐园所在地面对南中国兼具环山拥抱，就是按照中国风水的原理——"左青龙右白虎"的情况而设计；邀请美心集团，在其中一个主题园区（美国小镇大街）营运专门的"中式菜"餐厅；引进本地最为著名的珠宝首饰品牌"周生生"，与之携手开发具有迪士尼特色的黄金饰品。此外，为了适应香港频繁的降雨天气，预案中83%的游览区与餐厅都加了顶盖；在营销方面也是尽显中国特色。

7.2.3 为用户创造童话梦幻体验

不管是香港的迪士尼，还是东京、上海的迪士尼都吸引了不少游客，

其惊人的客流量与之一直执行的"童话营销"分不开。在童话的加持下，游客在迪士尼乐园中获得了梦幻般的极致体验。华特·迪士尼说过："只要这个世界仍存在幻想，迪士尼乐园将永远延续下去。"迪士尼赋予了人们一个梦幻的美妙童话世界，因此而获得成功。米老鼠、唐老鸭、巴斯光年、加菲猫和白雪公主等为数众多的卡通人物，都是童年梦幻的代名词。

现在我们来看看迪士尼乐园是如何打造这些成功的童话故事的。

第一，与众不同的定位。迪士尼乐园的定位是"建造一个成年人也可以尽情享受的儿童乐园"。华特·迪士尼相信："每个人内心都有个孩子，关键是如何把这个孩子引出来。"按照传统思维来看，迪士尼的定位应该是瞄准儿童（这也是大多数游乐园的目标定位），但是迪士尼则是以家庭的所有成员作为目标客户。如此不仅扩大了自己的目标市场，也避开了与其他游乐园的目标客户重合。

第二，持续不断的创新。为了保证客户能一直得到最好的体验，迪士尼一直在创新。从早期的米老鼠、唐老鸭到今日的巴斯光年与侏罗纪公园，迪士尼在不断地挖掘客户潜在需求，不断地去创新产品满足客户需求。

第三，贯彻全员的精神。迪士尼强调的服务精神："以最真诚的态度对待每一位客户，因为这可能是客户这辈子最开心的一天。"这种贯彻全员的服务精神实际上比有创意的营销活动更难得，这也是迪士尼能为客户创造极致体验的根本原因。

7.2.4　打造极致体验的三个新切入点

除了学习迪士尼打造客户体验的方法，还可以从以下三个角度进行切入：

第一，满足个性化追求。在物质充裕的年代，大部分用户在消费时关注的不仅仅只有产品价格和功能，更关注是否能在购买过程中感受到便捷化、个性化的体验。所以，如果要让用户获得更好的体验，就一定要满足用户个性化的追求。

第二，超出用户的预期。符合用户预期是合格体验，只有超出用户预期才算得上是极致体验。如何超出？京东在这一点就做得非常出色。

京东快递上门时，快递短信都会提示："如果您家中有生活垃圾，在我给您送货时可以帮忙带下楼。"这就是超出用户预期的体验，因为没有一家电商的快递能做到这一点，用户也从未体验过相关服务，所以更感惊喜。

第三，颠覆性创新。产品或服务要有颠覆性的创新，这是让用户获得好体验的前提。比如QQ、微信就是颠覆了传统的通讯方式，让用户获得了前所未有的产品操作体验，用户才会一直使用它们，并取代了以往的通讯方式。

7.3　老干妈定价也是定位，占位最有利价格区域

关于老干妈，网上流传一组这样的数据：2011年总产值31亿元人民币，上缴各项税金3.8亿元；2012年，老干妈产值达到33.7亿元，纳税4.3亿元；2013年，产值达到37.2亿元，利税5.1亿元。区域纳税第一，3年上缴利税超过15亿元。1998年，老干妈的纳税额只有329万元，只用了15年元，其上缴税收达5.1亿元。2013年，中国辣椒酱行业规模259亿元，老干妈产值达到了37.2亿元，占据了市场份额的14.36%，是绝对的第一。而且在国外，老干妈更是成了中国辣椒酱品牌的典型代表。

这一切，老干妈的创始人陶碧华是怎么做到的？其实仔细分析即可知，除了产品好之外，占据了有利的价格区域，是老干妈成为辣椒酱行业老大的原因之一。价格是决定品牌和目标用户定位的主要因素，价格如果产生了变化，不仅关系到企业利润和效率的问题，还关系到品牌定位转移的问题。特别是在企业已经具备领先市场份额的情况下，价格变动就等于给对手让出价格空间。

7.3.1　这个价格区间我独有

老干妈的主打产品价格主要集中在7~10元的消费区，比如分为豆豉和鸡油辣椒，其规格主要为210g和280g，在终端相同的情况下，前者价格锁定在8元左右，后者9元。其产品根据规格不同，也大多集中在7~10元的主流消费区间。

老干妈在这个价格区间有着强大的品牌影响力，其他品牌已经无法进入，所以只能选择价格避让进入辣椒酱行业。比如，李锦记340g的风味豆豉

酱定价为 19 元左右，小康牛肉酱 175g 定价为 8 元左右。比起老干妈，要么总价较高，要么性价比较低，均无法撼动老干妈在这个价格区间的影响力。

7.3.2 只有品牌才能守住价格区间

老干妈是如何打造超强品牌影响力的呢？

第一，在产品核心战略下打造极致用户体验。老干妈之所以能牢牢占住主流消费价格区间，是依托于强有力的产品，它在产品上下了硬功夫，为低门槛、易跟随的佐餐酱品类设置了门槛。其主要体现在以下三个方面，见图 7-3。

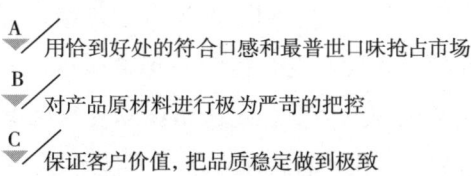

图 7-3　老干妈从三个方面打造极致用户体验

第二，用有效的营销手段迅速占领用户心智。营销的主要目的是占据用户心智而获取市场，老干妈看似没做过多少广告，但是早已用自己独特的营销手段完成了对用户心理的占领。

（1）从学生角度入手。根据心理学分析，学生时代是品牌最容易引起好感与怀旧的时期。老干妈起家于学校附近的素粉店，无意间就已经开始了用户心理的占领。同时，因为老干妈物美价廉，是佐餐佳品，最为适合经济条件不足的学生群体。这也是有许多留学生把老干妈称为家乡的味道的原因。

（2）品牌符号化。不少人认为老干妈包装土气落伍，甚至多年不换瓶贴。其实，正是因为如此，老干妈的包装与瓶贴才固化为最深入用户内心的品牌符号。

第三，现款现货的强势经销商策略。老干妈对经销商的要求主要体现在以下三点。

一是现款现货。其他企业是经销商先拿货后付款,老干妈是先打款后拿货。由此保证了充盈的现金流。

二是以火车皮为单位,量小不发货。

三是不给经销商任何政策支持,而且利润很低,一瓶甚至只有几毛钱。

四是大区域布局,一年甚至两年才开一次经销商会,且一个省或是几个省只设置一个经销商,而且还经常进行省区合并。

7.3.3 稳定价格区间的三个方法

从老干妈的案例上,我们看到了占据合适价格区间对成为一个寡头企业的重要性,也看到了品牌对企业持续占据价格区间的重要性。那除此之外,还有什么办法可以帮助企业稳定价格区间呢?可参考以下三点:

第一,对产品进行优化。有舍才有得,不是所有的产品都能给用户创造极致的体验,也不是所有的产品都能帮助企业稳住某个价格区间,企业更没有精力、时间、资金去把所有的产品都打造好。所以企业要把一些不重要的产品砍掉,即使这些产品能给企业带来销量。企业把所有的资源都用在主要产品上,把主要产品打造好了,在价格区间的地位自然就牢固了。

第二,坚持做原创,别盲目抄袭和模仿。不少企业看到其他企业把某款产品做好了,也跟着去做。这是一种极为错误的做法,因为每个企业都有自己的优势,有适合自己的定位,只有发挥自己的优势,坚持自己的"原创",才是把企业品牌做长久、稳住某价格区间地位的方法。

第三,做好品牌识别工作。品牌识别是指一个品牌独有的、能让用户马上联想到该品牌的表达方式。一般通过图形标志、文字标志、颜色、独特销售主张等来实现。做品牌识别的目的只有一个,就是用最简单的、最容易被用户认出来的方法来提示用户大脑中对该品牌的记忆并且予以加固。企业做好了品牌识别工作,当用户想买一个在自己消费能力范围内的产品时,就能马上想到该品牌。比如,一个普通的工薪族,想买一个两三千元的手机,他马上就会想到小米手机。

7.4 大疆占领用户心智就是占领话语权

无人机是当下最热门的新科技行业,目前无人机市场主要由个人消费级无人机与商用无人机构成,前者主要用于航拍、跟拍娱乐场景等;后者应用范围则非常广泛,可用于农林植保、物流、安保、巡防等多个领域。全球无人机的出货量一直处于持续增长中,而在庞大的世界无人机市场中,有一个非常显眼的中国品牌"大疆"独领风骚。在个人消费级无人机市场中,大疆占据了70%的世界领域额份额,2017年销售额达到了175.7亿元。

美国媒体给出了一个数据:"美国市场上80%的无人机都来自中国的大疆公司!"《华尔街日报》称:"大疆是一家全世界都在追赶的中国公司!"毫不夸张地说,大疆是世界无人机领域的王者。作为一个中国品牌,大疆不仅得到了中国用户的认可,还得到了全球用户的认可,这对于中国企业,特别是中国科技企业,是极为难得的一件事。

大疆无人机之所以能做到如此成功,主要的原因就是它已经占领了用户的心智,占领了用户的心智也就等于占据了市场话语权,可以主导市场规则。因历史和环境原因,我国被国际市场认可的品牌并不多,在许多国际用户的心中,中国制造就是"廉价、低质、抄袭"的印象,但大疆却成功打破了这个魔咒,赢得了用户高度评价,并成功让用户认为"大疆就是无人机领域内的最好品牌"。

7.4.1 站在全球化高度细分市场

大疆科技的目标用户主要是一些专业化、个性化需求人群,比如,航拍爱好者、摄影、广告、电影工作者以及专业性航拍公司等。因此,如果只局限在某一国家或者地区,企业根本无法得到规模化发展。只有放眼全球,才能把企业做大做强。大疆在成立之初,就将全球市场作为发展目标。同时,大疆通过技术创新制造出具有知识产权的专利产品,满足目标人群的个性化需求,成功完成了对无人机市场的细分。为了做好这两点,大疆一直坚持两个原则,见图7-4。

A》 遵守"全球化、个性化、专业化"的生存法则

B》 针对特定人群细分市场,走专业化道路,进行单点突破

图7-4 大疆坚持的两个原则

7.4.2 国际化与个性化相结合

为了能成功地占领用户的心智,大疆采取了"国际化与个性化相结合"的战略。从国际化品牌高度出发,进行产品研发、设计、包装,制造产品宣传片设计与打造品牌形象与销售终端,并借助外来资金做好了充实的前期准备,成功地打造出"标准化、简约化、个性化"的品牌形象。当下,不仅是全球化时代,也是个性化时代,所以在关注国际化的同时,也要关注个性化。大疆公司在拥有国内航模级别飞行控制系统市场领先的技术实力的基础上,以欧美发达国家为主要对象进行营销。以全球航模论坛为渠道给著名发烧友投送试用品,建立种子用户群。而其他同类产品出于昂贵或是不能稳定供货,使得大疆就此获得了先机,造就了它在国际航模飞行控制系统市场极佳的品牌形象。

7.4.3 用极致体验侵蚀用户心智

大疆在打造产品时一直遵循"精益创业"的思路,先进行"验证性学习",向市场推出比较简单的原型产品,然后在不断的试验与学习中,用最小的成本和有效的方式去验证产品是否与用户需求相符,并持续对其进行迭代优化,从而实现以极致体验侵蚀用户心智的目的。

为了保证产品能够达到极致的体验，大疆在企业内部重点进行了两项工作。

一是培育具备创新意识的企业精神。无论是企业还是产品，要想获得成功，其企业成员首先就要具备创新的精神及能力。大疆除了创始人汪韬具备此能力外，对其他成员的创新精神的培育也非常看重。除了安排培训，企业内部也设立了各种机制，鼓励员工发挥创新精神，建立一支创新研发团队，以实现协同创新。在大疆看来，一个团队不仅需要技术专家，更需要能给产品带来高品位的诗人与艺术家。因此，在保持现有团队的基础上，大疆还积极进行各式人才的引进培养，为此还推出了"大疆无人机大学"项目，并承办了"2015年全国大学生机器人大赛"。

7.4.4 用口碑去占领用户心理

在网络上，有时只需要通过一句好评，就可以无限放大企业的品牌美誉度。企业的发展，也已经正式进入一个依赖口碑传播的时代。口碑传播如果做得好，就能够占领用户心理，在用户心理中留下一个"你的产品大家都说是最好的"位置。大疆之所以能成功占领用户心理，在用户心中留下"无人机产品大疆最好的"位置，口碑起到了很大的作用。

在实行口碑营销前，企业需要有一个明确的认知："真正的口碑营销，一定是在老友圈里的信任传递。它的重点不是传播，而是传递出一个信任讯号，如果用户的生活圈屏蔽了这个讯号，那就说明这还不算是口碑营销。"既然如此，企业要怎么做口碑营销才能占领用户心理呢？可参考以下两点：

第一，用产品驱动口碑。只有产品和服务足够好，用户才愿意将其分享给身边的朋友，发出评论认为产品"真的很好用，真好看，很方便，是我用过的产品中体验最好的"。当其他潜在用户看到这个评论时，就会产生"朋友说这个品牌的产品非常好"的印象。

第二，用情感驱动口碑。与产品驱动不同的是，这是通过产品灵魂人物的精神激发用户。就像海外游子听到"这就是记忆中家乡的味道"，马上就会想到老干妈。

7.5 老乡鸡从区域到全国，样板是关键

一家企业如果想成为一个行业的寡头，其首要条件就是占领全国乃至全球的市场。所以，市场扩张是企业成为寡头必须制定的战略之一。这一点，知名餐饮品牌"老乡鸡"显然已经意识到了。

老乡鸡原名"肥西老母鸡"，以时尚温馨的店面装修，口味地道、营养丰富的老母鸡汤，以及24小时营业时间获得了广大消费者的喜爱。2018年7月25日，老乡鸡在武汉召开品牌战略发布会，正式宣布收购武汉永和。截至2018年年底已经在全国开设了500多家门店，服务4.5亿人次。老乡鸡之所以能发展得如此快速，这与它先立足安徽这个区域根据地，再逐步扩张到全国的发展策略是分不开的。

7.5.1 明确定位，聚焦快餐，更改名称

老乡鸡把"肥西老母鸡汤"特色定位为"中式烹鸡专家"，迅速抢占用户的心理，规避餐饮行业激烈的直接竞争。

一种虽然单一但明确的产品能够增加企业品牌的力量，老乡鸡在经过定位后，剥离了相关业务，只明确快餐一个业务，只设一个产品——"鸡肉"。

要建立一个全国性的品牌，需要一个有力的品牌名称。原本的品牌名"肥西老母鸡"有很大的问题。首先，不太了解"肥西老母鸡"的用户很容易会把"肥西"误认为是"山西"；其次，"肥西老母鸡"五个字太长，不便于记忆与传播，更不利于企业往后的上市；再次，很多用户都会把"肥"字理解成"油腻、高脂肪"，与大多数人的健康饮食观念相违背；最后，外地用户对"肥西"不够了解，不利于在全国推广。

鲜明的市场定位、聚焦的业务与产品，有穿透力的品牌名，迅速让"老乡鸡"占领了安徽省中式快餐的领导者地位，这为向全国其他省份的扩张打下了良好的基础。

7.5.2 集兵安徽打造样板市场

"老乡鸡"把安徽作为自己的战略根据地，先在安徽打造成功的样板市场，然后再把这个市场向全国进行扩张。"老乡鸡"先在安徽地区进行高铺货率、高氛围、全渠道的精细化运作，以提高品牌在该区域市场内的份额，从而为以后的全国扩张打下基础。对于如何打造样板市场，老乡鸡有自己的一套方法。

第一，注重团队管理。要打造样板市场，首先就要做好团队管理。团队管理包含终端管理和人员管理两个方面，前者需要建立《终端档案表》和《终端地图》，意思就是要知道企业都在什么地方开设了"老乡鸡"的店面；后者是指业务人员按照四定拜访原则（图7-5）的方式对样板地区的终端店面进行拜访，充分了解各个店面的情况。

图7-5　四定拜访原则

第二，重视营销工作。在打造样板市场时，老乡鸡积极邀请知名人物来店内就餐，以此打开知名度，同时在核心店进行各种营销活动，提高用户的就餐率。比如，2004年禽流感大爆发之际，老乡鸡请来了当地的市长到店就餐。当地各大媒体在获知市长到老乡鸡（当时名为肥西老母鸡）就餐，都蜂拥而至，对事件进行了报道。这一报道被中央电视台、人民网、凤凰网等各大媒体转载、评论，老乡鸡因此广为人知。

第三，做好维护工作。样板市场之所以能成为样板市场，就是因为它具备了可持续性，所以维护工作也是样板市场打造的重中之中。可从以下几点入手：

（1）垄断市场。不管样板市场的范围是大是小，都必须以城区为圆心展开纵深发展与全面覆盖，占据绝大部分的市场份额。老乡鸡在安徽是绝对的"第一鸡料理"品牌，占据了该地区的绝大部分市场份额。

（2）主导价格。主导产品代表企业的品牌形象，也决定市场竞争力。因此，建立区域市场发展的主导产品，建立该区域市场中某一价格带的价格标杆，才能形成产品联动，引导消费。老乡鸡的主导产品就是鸡料理，其价格最贵不超过33元，最低低至2.5元，属于平价消费。此外，必须建立刚性的价格策略与严格的价格管理系统，确保主导产品的价格稳定，保障品牌形象。

（3）不断升级。主力产品老化、主力产品推广不力是区域强势品牌市场下降、被竞争品牌侵蚀市场的主要原因。为了避免这一点，老乡鸡不断对主力产品进行升级，在优化口味的同时，还不断开发出新口味，延长主力产品的生命周期。

（4）美化品牌。老乡鸡从来不认为自己已经成为安徽这个样板市场的领先品牌，无须广告与公关了。在成为区域领先品牌后，老乡鸡继续加大广告力度，比如，上央视节目做宣传，与电视剧剧组合作提供拍摄场地，在微博、微信等各种社交媒体上进行宣传。

7.5.3 样板市场的成功要选对市场

老乡鸡的样板市场打造给了我们不少启发，但除了学习老乡鸡的打造方法，还需要注意市场额的选择。

如果把打造样板市场看作打造寡头企业的必备手段的话，选对市场才是关键。一般企业选择市场都会采取以下三种惯性思维，见图7-6。

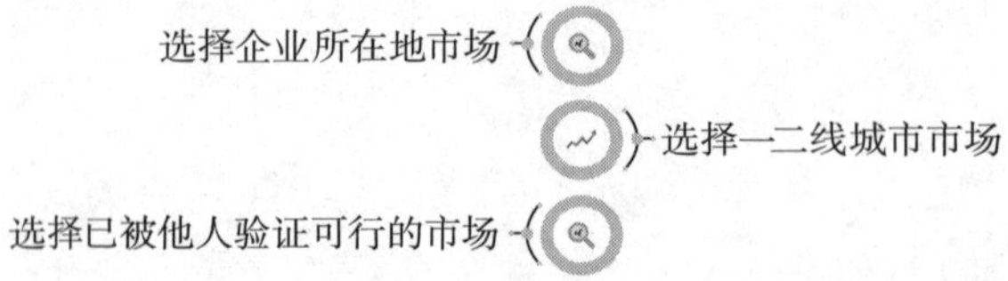

- 选择企业所在地市场
- 选择一二线城市市场
- 选择已被他人验证可行的市场

图7-6 企业选择样板市场的三种惯性思维

实际上，这是错误的思维方法。在选择市场时，应该从以下三个角度进行思考：

角度一：市场机会。有机会的市场才是能切入的市场。从竞争程度看，区域市场可以划分为完全竞争市场、垄断竞争市场、寡头垄断市场、垄断型市场。一般有机会的市场是存在于前两者。因为这两个类型的市场，存在较多品牌，每个品牌所占据的市场份额都不多，没有哪个品牌能独占消费者心智。

角度二：规避竞争。要避免选择存在过多竞争的市场，要找到竞争微弱的市场，如此只用极小的成本就能奠定胜局。因为过度竞争的市场早已被大品牌垄断，企业要抢占，成功的机会不高；即使能成功，也需要花费巨大成本。

角度三：建立优势。企业的成长是优势市场不断扩张的结果，因此在区域市场建立优势是企业发展的前提条件。可以采取集中优势资源打歼灭战来建立区域优势。因为在弱小的企业只要聚焦于局部市场，就能创造出局部竞争优势，从而达到颠覆市场的目的。

7.5.4 合格样板市场的七大条件

一个市场能不能成为样板市场，要看其是否能满足以下七个条件：

第一，要有足够的市场容量与前期市场投入；

第二，不是竞争对手的主场；

第三，这个市场无法通过拼资源获胜；

第四，企业在这个市场已经有一定的基础；

第五，能够影响周边的市场；

第六，在市场环境、消费习惯、市场通路、媒体结构等方面具备广泛代表性的市场；

第七，能够将成功的操作模式克隆到其他市场，具备可复制性的市场。

7.6 宁德时代整合产业链，供、产、销全由自己决定

2018年4月4日，在福建的一个默默无闻的小城市宁德，一家名为"宁德时代新能源科技股份有限公司"成功过会，募资53.52亿元人民币，刷新创业板的募资纪录。宁德时代是全球效率最大的动力电池企业，只用了6年时间，就完成了0到估值超过1300亿元人民币的壮举。从递交招股说明书到IPO顺利过会，只花了5个月的时间。一时间，宁德时代成为举国瞩目的独角兽企业。

为什么宁德时代能获得如此大的成就？这与它的产业链整合战略分不开。一家企业如果要主导市场规则，首先它就要建立属于自己的产业链，否则就只能被其他人主导。而宁德时代显然意识到这一点，利用并购、投资、合作等手段来建立自己的产业链。产业链的整合除了避免命脉被其他企业击中，也是成为寡头企业的一种必须实行的战略。

7.6.1 整合上游，控制原材料

上游企业是相对下游企业而言的，是指处于行业生产和业务的初始阶段的企业与厂家，这些厂家主要生产下游企业所必需的原材料以及零件。宁德时代的主要供应可以分为原材料、电池附件与锂电设备三大类。其中，关键原材料有正极材料、负极材料、电解液、隔膜。电池附件包括结构件、电气件、热管理、铜箔。锂电设备有涂布、卷绕、辊压分切与检测等。根据2018年宁德时代的招股书显示，其2017年仅是主要原材料采购就达到了61.43亿元。一是为了节省成本，二是为了能让原材料把握在自

己手里，宁德时代对上游企业进行了整合。

自 2015 年起，宁德时代就开始控股广东邦普，并在 2018 年 5 月正式收购这家锂电回收公司。

2018 年 3 月，宁德时代通过海外全资子公司加拿大时代收购了吉林吉恩镍业股份有限公司所持有的部分股权，成为北美锂业的控股股东。

2018 年 11 月，宁德时代与天华超净天原集团、长江晨道签订投资协议，共同投资成立宜宾市天宜锂业科创有限公司，计划建立年产量能达到 4 万吨锂电材料的项目。

2019 年 5 月，与德方纳米签署《合资经营协议》，拟共同增资曲靖市麟铁科技有限公司。

从公开项目看，宁德时代已经逐步建立起从锂电资源、碳酸锂及氢氧化锂、三元前躯体、三元材料及磷酸铁锂等较为完整的上游原材料布局版图。这一上游资源的整合，让宁德时代在供应链体系中具备较强的议价能力。2018 年，其四大材料平均采购成本仅为市场均价的 70%~90%。

7.6.2 整合中游，增强生产实力

实质上，宁德时代本身就是属于中游企业，主要从事产品的研发、生产。为了能增强自身的研发、生产实力，宁德时代对自己所处的中游产业链进行了整合。

2018 年 7 月 19 日，宁德时代和广汽集团在广州举行了电池项目合作协议签约仪式，双方在动力电池领域于广州共同组建两家合资公司。

一是广汽时代动力电池系统有限公司（暂定），注册资本为 1 亿元人民币，广汽持股 51%，宁德时代持股 49%。业务为动力电池系统的开发、生产与销售、动力电池专业技术领域内的技术开发。

二是时代广汽动力电池系统有限公司（暂定），注册资本为 10 亿元人民币，宁德时代持股 51%，广汽集团持股 49%。

与广汽集团的合作可以充分发挥各自在新能源领域的研发、技术以及制造优势，增强产品的市场竞争力与行业竞争力，这是一次双赢的合作。对于

广汽集团来说，通过本次合作，可以实现新能源汽车核心零部件的稳定供应，降低采购成本，提升新能源汽车的市场竞争力；对于宁德时代而言，在合作中把自身的电池技术优势与对方在汽车新能源汽车领域的技术经验相结合，可以提高锂离子动力电池的研发与生产，设计出更适合新能源汽车的动力电池产品。

7.6.3 整合下游，建立销售终端

其实宁德时代与广汽的合作，除了有助于增强生产、研发的实力，也有助于绑定下游客户，建立稳定的销售渠道。为此，除了和广汽合作之外，还与一汽、上汽、吉利合作，合资建立新公司。

以宁德时代同吉利合作为例。2018年12月，吉利控股旗下浙江吉润汽车有限公司与宁德时代宣布，双方将成立合资公司，从事电芯、电池模组以及电池包的研发、制造、销售。合资公司注册资本为10亿元人民币，宁德时代持股为51%，浙江吉润为49%。如此，宁德时代除了能借势对方的研发实力生产新产品之外，还直接绑定了整车销售，使得销售量有保证，也极大地减少了在销售终端所需花费的返利以及保修费用。

7.6.4 根据实际情况做整合

产业链的整合能力是衡量企业能否主导市场规则的一个重要指标，但是具备强大产业链整合能力的企业未必就能靠产业链整合实现竞争力和效益的双丰收。所以，产业链整合不能盲目，要根据实际情况来行动，一般需要考虑以下四点，见图7-7。

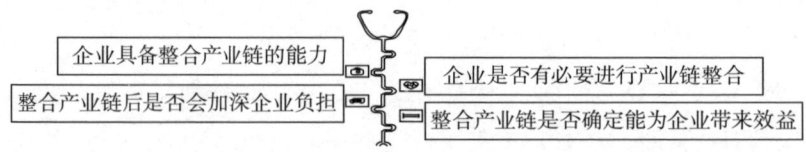

图7-7 进行产业链整合之前需考虑的四点

第8章

战略生态化：企业发展下一站，就是打造利益共同体

学者黄仁宇曾说，大企业只有自己的生态足够大，才能充分追踪和使用数据。中小企业也只有加入一个大生态，才能得到以自己的技术实力难以获得的创新。所以，制定未来发展的生态化战略，打造利益共同体，是企业必须要做的事情。

8.1 未来，是生态圈与生态圈的竞争

未来企业的顶级竞争，其实就是生态圈与生态圈的竞争。企业的竞争之所以会上升到生态圈的高度，是因为商业基础设施中技术的进步，随着互联网、物联网、大数据、云计算、人工智能、区块链等新科技的发展，商业模式与商业行为也产生了巨变。技术的发展使得不同行业、不同企业间的联系与交集越来越多，这就形成了生态圈建立的基础。

此外，生态圈其实就是发起者为了促使企业在边际效应极低的行业进一步互联网化，以此建立核心竞争力，提高利润点，通过并购、联盟、开放等形式，进行横向扩张，纵向深化，建立起来的一个循环商业竞争体系。生态圈与单个企业的差异是其目的不在于某个项目的盈利，而在于整个体系的核心竞争力的提升，从而达到整体盈利的目的。实际上现在有不少企业都往生态圈发展，成功者也不在少数，最为典型的代表就是阿里巴巴、腾讯。

8.1.1 生态圈的商业价值

阿里巴巴、腾讯、华为、百度、小米、360、格力、苏宁……大大小小的企业之所以都想建立自己的生态圈，是因为它能为企业提供独特的商业价值。

第一，提升品牌力。企业的流量也许很充足，但是生态圈的驱动则需要更多流量。生态圈建立者可能会通过购买或者引入的方式提升自己的流量。比如，2013年4月29日，阿里以5.86亿美元入股新浪微博，用其数亿流量为自己输血。流量越大，企业品牌的影响力就越大。同时生态圈建立者可以通过跨界吸纳新物种，进行跨行业宣传，提升品牌的影响力与附加值。

第二，强强联合与优势互补。自己的弱项却是竞争对手的强项，为了避免被竞争对手远超，可以联盟一个竞争对手的对手进入生态圈，以此弥补自己的短板，拓展新盈利渠道。比如，腾讯与京东的合作就是典型的案例，电商是腾讯的弱项，为了不受到阿里巴巴的攻击，以及能对其建立防御墙，腾讯联合阿里巴巴旗下最大业务天猫的对手京东，来弥补自身电商基因不强的劣势，以达到抗衡天猫在电商市场一家独大的局面。

第三，资本运作提升价值。资本市场评定一家企业的价值不单看市盈率，还要看其成长性。企业如果能提出生态圈战略，对于生态圈价值的肯定，也有利于提升企业的价值，以利于企业进一步融资。

8.1.2　生态圈的三个类型

审视如今风起云涌的三个生态圈现象，我们仍可以区分出它们在进化上的不同。从进化角度来看可以区分出三大类：

第一，垂直生态圈。是指企业把所处行业的价值链全部打通，将控制权掌握在自己手上，从而节省链条环节间的交互成本，并有效提升环节间的响应速度。这种模式还是处于低级生态圈状态，因为它的出发点是控制。

第二，横向生态圈。其强调的是搭建平台，邀请利益相关方进驻平台，甚至也能邀请竞争对手进入。从这个角度来看，这种类型的生态圈是极为开放的，可以抵消掉许多传统竞争中不必要被浪费的战略型资源以及行业低效无序的竞争活动。但缺点是属于搭台吸引资源，视野有限，甚至有些纯属是"旧瓶装新酒"，虽然能在一定程度上提升效率，扩大行业规模，但是创新空间小，想象力也不高，未来发展有限。

第三，多维生态圈。此类生态圈强调的是打破所有边界，把传统观念中所有不可能连接在一起的行业、企业、人、事都关联起来，从而带来不可思议的"混血""融血"式创新、突破与合作，它带来的是商业物种的爆炸式的涌现与成长，从而呈现出无限可能的未来。这才是真正的生态圈，也只有这种生态圈才能终结传统竞争战略。

8.1.3 生态圈的核心要点

要想成功建立一个生态圈,就必须使其包含三种特质:共生、共享、共赢。

共生。根据共生定义,是指两种不同物种之间所形成的紧密互利关系,从生态圈的角度来看,就是所有生态圈内的生物都是共生关系,相互依赖,彼此有利,一荣俱荣,一衰俱衰。生态圈各成员分工协作,为共同的目标,有机地联合成一个整体,协同为用户创造价值,从而达到实现生态圈整体价值最大化的目的。其核心要点是创造一个可以供生态圈各成员共同利用和分享的价值平台。

共享。共享是生态圈内各生物合作的机制,但如今,共享已不再只是物的使用,而是空间的交互、情感的碰撞,生物圈内的各生物资源共享,相互赋能。而随着新科技的发展,共享要素在生态圈的作用越来越大。比如,区块链衍生出了共享链。共享链是一个基于共享经济打造的智能、可信、开放、去中心化的信用数据价值平台。区块链是一种分布式数据库,通过去中心化、去中介、免信任、智能合约、时间戳等方式,集体维护一个可靠的数据库。通过共享链,再配以物联网、人工智能、大数据等技术,使生态圈内的各领域能够互通有无,达到更高效的资源整合,打造出一个顶级的去中心化信用共享生态圈。

共赢。这是建立生态圈的目标,是要产生"1+1>2"的双赢效益。在生态圈内,不管是生态圈建立者,还是其中的一个生物,想实现"独赢"都是不可能的,因为这种观念会导致生态圈的失败。只有相互获利、共同受益,才能建立一个健康的、持续发展的生态圈。比如,阿里巴巴建立生态圈,如果它只是想榨取生态圈内生物的价值,让自己获得高收益,那也就不会成就现在的这个庞大王国。阿里巴巴在获取生态圈生物价值的同时,也利用自身能量赋予它们价值,从而实现双赢的效果。

8.2 小米生态化不盲目，执行前先看条件

建立生态圈不是一件简单的事，不是企业管理者拍桌子定下"企业要建立生态圈"就能够成功的事，更不是所有企业都能够建立生态圈。在建立生态圈之前，还要看其是否具备构建生态圈的条件。总结现有生态圈的成功经验，可以发现它们都在遵循一些规律，符合了某些条件后，才能有计划地进行生态圈的实施。比如小米科技。小米科技在执行生态圈之前，非常冷静谨慎，在充分自我审视之后，认为符合条件了，才开始执行生态圈的构建。

8.2.1 粉丝是小米构建生态圈的底气

当下时代遵循的是"得流量者得天下"。谁拥有庞大的活跃用户，谁就能成功生态圈的建立更离不开用户。企业构建生态圈，需要具备大量的活跃用户数据作为基础，支撑信息流、人流、资金流、物流，以及其他方面的不断循环。显然，小米科技在准备构建生态圈时已经具备了这个前提条件。"米粉"的庞大、忠诚、活跃在业界无人不知无人不晓。其实，小米科技创始人雷军早就看到了"粉丝"的重要性，因此采取了一系列措施来经营粉丝群，粉丝经济也是由以小米科技为代表的企业开始衍生发展的。

第一，吸引用户。方法有三，见图8-1。如今，小米又通过抖音来吸引粉丝，在抖音上发布一些技能分享、办公室趣事来吸引新的粉丝关注。

图 8-1　小米科技吸引用户的三个方法

第二，增强参与感。小米的粉丝营销体系的核心是"参与感"，为此还专门出版了一本《参与感》的书，并提出了著名的关于增强用户参与感、把用户变"粉丝"的"三三法则"。小米的参与感一般是通过两种形式实现：话题与活动。比如，"150克青春"就是小米针对青春版手机在微博上发起的，因为这款手机的重量就是150克。此外，还制造各种青春场景，引发粉丝参与讨论。在小米手机青春版发布当天，微博转化达到200万，评论100多万。活动是小米强化参与感的手段，比如2011年8月，小米在微博上做了第一个活动"我是手机控"。这个活动在短时间内就吸引了一百多万用户参与，没有投入任何营销成本，只是让大家炫耀至今玩过的手机，以及检视自己的成长经历。

第三，增强归属感。小米通过爆米花论坛、米粉节、同城会等活动，让用户产生"我是主角"的感受。在爆米花论坛举行摄影的月度、年度评比，每年举办米粉节答谢粉丝，在各大城市举办"爆米花"线下活动，为小米用户提供面对面交流的活动。每场规模都达到3000~5000人，活动包含抽奖、游戏、才艺、互动等多个环节。

8.2.2　手机成为小米强势主营业务

生态圈的打造以企业的主营业务为核心，因此需要特别突出。通常情况下，企业的主营业务收入需要占总收入的70%以上，主营业务利润要占利润总额的70%以上。

众所周知，小米手机是小米科技的主营业务，是小米科技的起家之本，在用户心中更是高性价比手机的代表，同时也打破了国内手机市场被外国品牌手机垄断的局面。这一点，我们可以从小米发展前期的手机销售量看到。

小米手机历年出货量见图8-2。

图8-2 小米手机历年出货量

8.2.3 寡头初始，小米生态圈初始

小米在开始布局生态圈时，显然已经成为国内手机市场的寡头企业之一，在当时只有苹果能与之竞争，但是苹果走的是高端市场，所以不会对小米手机构成威胁，虽然之后出现了OPPO、VIVO、华为等强势的竞争对手，但小米也牢牢占据着手机市场寡头之一的地位。即使进入2019年，在华为荣耀于第一季度拿下线上手机市场24%的份额、位居第一的情况下，小米也以微差距（22%）位列第二。同时，小米手机在国外市场的销量更是在大幅度增长，2019年第一季度拿下印度28%的市场份额，足见小米的行业寡头之位非常牢固。这也是小米敢于着手建立生态圈的底气所在。

8.2.4 生态圈建立的延伸条件

第一，善于挖掘创新带来的机会。在全球化发展时期，新思想、新产业、新商业模式、新创业都能够成为竞争核心。创新是无处不在的，企业的战略发展、技术研发、市场研发都蕴含着"创新带来的机会"。所以，只有具备创新特质，同时还善于发掘创新带来的机会的企业，才能建立稳固的生态圈。对于具备创新特质的企业来说，一个想法就可以创造一个好产品，还可能推动不同企业自发联系、共同创新，形成合作伙伴的关系，并逐步进化成更多纬度、更多组织、更多层次的共生关系，最终打造出一个完整的、稳定的、可持续发展的生态圈。

第二，找到价值点，并能实施优化。要想建立一个生态圈，必须抓住繁杂价值链中的共性环节，使其变得更加高效，能为一个或更多的价值链提供更多的价值。在建立生态圈后，企业要具备清醒的意识，能对价值链中的高价值点保持时刻的关注，能时时关心用户需求的变化，把低价值的、无法满足用户需求的环节剔除，从而做到时时对生态圈进行优化。

第三，打造核心优势，不断扩展生态圈。如果企业要建立生态圈，就要建立起如技术、品牌、数据、用户等一系列的自己容易复制但是别人无法复制、或者很难超越的、边际成本极低或接近于零的资产优势，这样才能增加生态圈的可扩展性，才能在互联网效应的帮助下，把生态圈迅速做大。

8.3 腾讯多维度吸纳新生物，提高异质性

在生态圈中有一种"生物多样性导致生态系统功能优化"的说法，同样，一个健康的生态圈也需要有异质性的参与者，也就是和企业性质完全不同，但是却能在生态圈内为企业创造利益的生态圈物种。但需要注意的是，异质性不是盲目地增加不同类型的合作伙伴与打造不同类型的生态圈生物，而是有目的地完善与丰富生态系统的功能。

这一点，腾讯显然做得非常出色，其庞大的生态圈中生物种类繁多，各行各业都有，但不是跟腾讯毫不相干的企业也都被腾讯吸收了进来，更不是只要觉得哪个产品好就打造哪个产品，而是秉持着围绕主营业务多维度吸收与打造新生物的原则进行。

8.3.1 对内，围绕打造新生物

移动互联网时代，人们使用社交产品的场景与习惯都发生了变化，用户越来越多地期待能随时随地沟通。针对这个需求，腾讯在构建移动社交业务上下了不小的功夫，最终形成了社交市场的两大霸主产品"QQ"和"微信"——腾讯的生态圈构建也是基于这两款产品。在"社交"的核心上，多维度、多触角地为自己的生态圈打造新生物。

腾讯坐稳社交行业龙头宝座的同时，还在进行更加多样化的移动社交网络布局。为了抵御抢占微博市场，腾讯推出了防守型产品"腾讯微博"，依靠 QQ 和微信的用户量一度能与新浪微博分庭抗礼；后于 2014 年 7 月撤销微博事业部，与腾讯新闻团队进行整合，强化腾讯微博的整体社交咨询服务功能，加强新闻与社交的联系，之后更由此衍生出各种文娱板块，因此才有了

如今的"腾讯网"。又比如在如今的短视频大流行的时代,为对抗抖音对自己的社交市场的侵蚀,腾讯推出了"微视"这种具备社交属性的短视频产品。

8.3.2 对外,利用社交聚合打造生态圈闭环

腾讯建立"移动社交帝国"的目的并不是简单地实现人与人的沟通,而是要利用移动社交所产生的用户聚焦效应和用户黏性,通过这种聚合效应打造移动支付、个人金融、生活服务、电子商务等多种功能的移动生态圈,同时以支付为链条连接线上线下,最终形成一个生态圈闭环。

为了实现这个目的,腾讯收购了拥有甲级地图测绘牌照的思维图形,控制生态圈的第一个战略入口——地理位置,又推出了微信钱包与手机QQ钱包两大支付产品,以此为连接点吸收大众点评、滴滴打车、京东优选、唯品会特卖、拼多多……从而达到线上线下联动的生态圈产业闭环的目的。

对外吸收新生物,从而达到利用社交聚合打造生态圈闭环,其与京东的合作显然最能体现这一点。2014年3月10日,腾讯控股宣布已与京东商城签属战略合作协议,认购京东约3.52亿股份。腾讯向京东支付2.147亿美元,转让腾讯数码、腾讯电商、易迅物流、腾讯广州100%的注册资本,转让拍拍、QQ网购等业务,京东还将保留未来完全收购易迅余下股份的权利。京东IPO成功后,腾讯还将额外认购5%的京东股份。2019年,腾讯又与京东达成进一步的战略协议,双方将继续在社交媒体服务、广告采买、会员合作、流量导入等方面展开深度合作。

腾讯之所以花费如此大的力气与京东合作,是因为这样的合作能给生态圈带来以下几个利益:

第一,挑战更大目标。与京东合作可以提高腾讯在电商领域的影响力,更好地发展各项电子商务服务业务,比如,支付、公众账号及效果广告平台。

第二,助力微信支付。腾讯接入京东后,能有效地对抗支付宝因电商而获得的市场份额,对微信支付未来更大范围的发展有重要意义。

第三，改善净利润。腾讯在电商领域投入不小，与京东达成合作后可以有效地改善腾讯净利润，能更有力地支持生态圈的衍生发展。

第四，应对阿里上市。入股京东后，腾讯可享受到京东估值增加带来的利益，同时扶持京东在电商领域的发展，可以抑制竞争对手阿里巴巴的估值。

8.3.3　适配才是发展新生物的核心

上文说过，多维度吸纳、打造新生物需要谨慎进行，一般情况下需要遵循以下几点：

第一，有共同的价值观。这是吸纳新生物的核心要素，企业性质可以各异，但价值观应相同或相近。因为只有相同或相近的价值观的企业，才会有共同的认识和追求，能为整个生态圈的发展着想，齐心协力把生态圈做大。

第二，与企业优势互补。世界上没有完美的人，企业也是一样。一家企业发展得再好，也有不足之处，也存在弱势领域。因此，在为生态圈寻找吸纳对象时就要找能弥补自己短板的。同样，你的优势也要弥补对方的短板，或是能给对方带来极大的价值，如此才能实现优势互补、合作共赢的效果。

第三，是否专业又专注。专业是指这个企业在该领域的专业水平如何，是否达到顶级水平。不少人判断一个企业是否专业，是看其有多少资质证书、拿过多少奖、拥有多少专利技术，其实这只是很小的一部分，关键是看企业的产品，它的产品是否足够好，是否被市场认可。此外，如果想让一家企业为自己的生态圈持续提供价值，只靠专业还是不够的。还需要有专注的精神，能不断地提高自己的专业，不让多余的事物分心，这样生产出来的产品才能一直保持市场领先地位。

8.4 微信高互动、高投入，加强嵌入性

嵌入性是指一种事物内生或根植于其他事物的现象，是事物间的联系与催生信任的结构。在生态圈内，嵌入性越高就代表成员间的紧密联动关系越好，其具体表现在两点：一是生态圈成员之间或生态圈建立者与成员间的高频互动；二是生态圈建立者对成员的高投入，比如，资金、资源、人力等方面的投入。企业在建立生态圈时需要意识到，生态圈内的成员不在于"存在与否"，而是能否建立起彼此嵌入的关系，做到你中有我、我中有你。其实，小米强调的"参与感"，阿里尝试的电商"社交化"，其目的都是为了加强生态圈成员间的相互依赖性，以达到高嵌入性的效果，这也是生态圈能否体现"共生"特质的基本要素。这一点，微信的做法也非常值得学习。虽然微信是腾讯旗下的一款产品，但是它早已强大到能独自建立一个能为腾讯生态圈服务的新生态圈。

8.4.1 用小程序提高与成员的互动频率

许多微信生态圈内的成员除了用微信沟通、支付之外，就很少与微信发生关系。为了能提高与成员间的紧密关系，微信推出了小程序，让成员不用离开微信生态圈就可以满足自己的所有需求，使两者能无时无刻地绑在一起。比如，一个在微信做线上教育的企业，因为想吸引更多的用户，而不仅仅是在群内做直播，这就需要离开微信去开发一个APP。一旦这个APP开发成功，该企业必然会把重心移到自己开发的APP上，从而减少在微信上的投入力度，甚至慢慢脱离微信。但是小程序推出后，该企业就可以直接在微信上开发APP，不管是企业还是用户都可以在微信上完成所有操作。小程序还

能实现消息通知、线下扫码、公众号关联等七大新功能，通过公众号关联，用户可以实现公众号与小程序之间的相互跳转。

8.4.2 主动为生态圈成员赋能

其实，当下的商业环境并不乐观，流量红利似乎在渐渐失效，大量的用户都掌握在寡头手上，不少企业都将面临红利终结致使增速减慢的情况。因此，不管是主动还是被动，对中小企业来说，进入生态圈已经是必走之路。所以在这种情况下，生态圈的成员和生态圈的嵌入性并不是很高。要解决这个问题，生态圈建立者就要主动为生态圈成员赋能，给予它们好处。只有让生态圈成员看到切实的利益，才会对生态圈产生黏性。微信在打造生态圈时显然也是意识到了这一点，在构建生态圈的过程中一直采取主动赋能的态度。

微信为生态圈成员的赋能主要分为三个阶段。

阶段一：提供通信工具与社交解决方案。微信的通信功能、公众号为企业提供了客服业务，其中最典型的就是小米科技把微信公众号客服作为重要的业务工作之一。微信有着庞大的用户量，且有着强大的用户裂变功能，这都来源于其打造的社交功能。漂流瓶、摇一摇、附近的人可以吸引陌生用户；朋友圈、社群是为用户吸引熟人用户。企业可以通过这些功能为自己吸引大批流量。

阶段二：提供咨询与内容解决方案。微信聚集了大量的用户并且稳居社交产品榜首，然后又迅速上线了订阅号、服务号、企业号，打造了公众号矩阵。公众号为内容型企业创造了许多机会，许多内容企业由此而生，比如十点读书、北大纵横等。此外，公众号也成为许多企业一个全新的且快速有效的咨询服务渠道，不管是售前、售中、售后，用户都可以通过公众号向企业进行相关咨询。

阶段三：提供全新零售解决方案。微信给了零售企业一个全新的解决方案。微信是基于社交，而社交是基于人与人之间的关系链，零售企业通过微信的社交功能可以实现无限的用户裂变，打造一个新零售模式，也就是社交电商。

8.4.3 价值创造是提高嵌入性的根本

哈佛商学院教授克莱顿·克里斯滕森认为："商业模式就是创造和传递客户价值以及公司价值的系统"。其实，这个定位放在提高生态圈的嵌入性也是一样的，如果不能够为生态圈内的生物以及自身创造价值，那么这个生态圈是无法建立起来的。基于此，克莱顿教授还提出了两个问题：

问题一：你能给用户带来什么样的价值？这放在生态圈中就是你能给圈内生物带来什么样的价值？是流量？是资源？还是其他品牌扶持计划？比如，腾讯在打造生态圈时，马化腾就把腾讯定义为一个连接器，并做出了"拿出半条命扶持合作方"的承诺，要把腾讯 8 亿用户开放给合作对象。就是因为腾讯能给出如此大的价值，才有越来越多的企业愿意与之合作，并期望能与之融为一体。

第二，给客户带来价值后你如何赚钱？做企业不是做慈善，建立生态圈也是，不可能完全是为了服务他人，帮助他人盈利。因此，在给客户带来价值后，生态圈如何盈利这是企业需要重点考虑的问题。比如，腾讯给京东分享流量，那给京东分享流量后，腾讯能从中获得什么价值呢？其主要表现在两点：一是对抗竞争对手阿里巴巴，抑制其在电商领域的进一步发展；二是弥补腾讯在电商领域的短板，并为之后的电商领域布局打好基础。

8.5 今日头条设定合理价值分配机制，完善互惠性

一个成功的生态圈必然有着高度成熟的互惠性，这一特质可以保证生态圈的平衡与稳定。生态圈不仅要参与价值创造，也有合理的价值分配机制。生态圈的"互惠性"要考虑个体与整体、现在与未来之间的价值分配问题。生态圈创立者要突破自身与生态圈生物之间的双边利益分配关系，进而站在整个生态系统的高度进行整体协调，这才是生态圈个体与生态圈整体的互惠性的体现。

此外，也需要注意不要被短期利益蒙蔽，即使眼前利益受损，如对生态未来的发展有帮助，也不应有对当下看似亏本的价值分配有疑虑。价值分配方式越合理，生态圈就可以发展得越大，因为价值是可以再生的。在这一点上，今日头条就做得非常好。也就因为它有着完善的价值分配机制，所以，有越来越多的信息创作者加入进来。

8.5.1 通过广告展示量分配价值

今日头条的价值分配的重点是广告展示量，其特点有：

第一，把广告设置在文末。按照展现付费，读者要看到广告，创作者才能够拿到钱。需要注意的是，头条广告都设置在文章末尾，因此对文章内容要求极高。

第二，不同广告收费标准。对于广告商的收费单价也是不一样的。不同的文章质量，不同的针对领域，投放的广告是不一样的。文章质量高的投放的广告单价也较高，创造者也就能拿到更高的提成。这个机制设计的目的是鼓励创作者创作出更优质的内容。

第三,原创账号价格高。非原创账号文章的单价较低,1万阅读量价格只有2~3元,非原创账号视频量的单价则是1万阅读量为1~5元;如果是原创文章或是视频,则是1万阅读量8~20元不等。

第四,包含视频的文章计算方式。含有本地上传视频的文章,结算方式是从广告展示量改为视频播放量,视频收益与原有的广告分成一起按月合计体现。

第五,允许创造者自营广告。如果创作者的阅读量足够了,头条允许其自己寻找广告主,自己添加推广,收益则另行协商。

8.5.2 建立扶持计划让创作者月入万元

为了能让创作者获得更高的收入,提升对生态圈的黏性,今日头条每年都会推出扶持计划。

2015年:千人万元。2015年9月8日下午的"头条号创作者大会"上,其创始人张一鸣宣布:"未来一年内,头条号平台将确保至少1000个头条号创作者,单月至少获1万元的保底收入,并重点扶持至少100个'群媒体',单月将至少获得2万元的保底收入。"

2016年:10亿元扶持短视频。在2016年的头条号创造大会上,张一鸣宣布:"未来12个月,将拿出10亿元人民币补贴短视频创作,同时给每条优质原创短视频至少10万次加权推荐。"此次的补贴计划显然是非常有效的,2017年头条号创作者大会,张一鸣宣布旗下所有短视频播放量超100亿。

2017年:千人百万粉。2017年头条号创作者大会扶持出1000个100万粉丝账号,并推出多种帮助创作者涨粉的措施,见图8-3。

- 提升粉丝在推荐系统权重,上结"关注"频道
- 提供"冷启动流量包"给新入驻微头条的创作者和悟空问答的优质用户
- 加大"推荐关注卡片"出现在信息流频率,主动推荐优质内容
- 提供关注红包,加大用户关注率

图8-3 千人百万粉具体帮扶措施

2018年：创作者V计划。目的是面向粉丝数大于10万或月均阅读超过100万的头部创作者，通过大流量扶持粉丝生态、深耕重点垂直领域、全链路运营服务、商业变形等方式，扶持创作者成为IP品牌，从而获得更多收入。

8.5.3 围绕用户进行价值分配

什么样的价值分配才是公平公正的？这没有绝对的标准，但是有一条却可以参考：围绕用户进行价值分配，在生态圈的供需双方建立一种有效的平衡，从而引导生态圈往一个持续健康的方向发展。

这一点，优酷非常值得学习。网络电影行业在野蛮生长后，已经出现了混乱现象。优酷为了平衡自身生态圈的价值分配，在2018年12月推出了全新的网络电影分账模式与规则：会员有效观看时长分账模式，由有效会员的观看总时长、内容定级单价决定。片方分账收益＝内容定级单价×（有效会员观看总时长/许可作品正片总时长）＋付费期3个月内累计会员拉新奖励。

内容定级单价分为S \ A \ B \ C四个等级，定级从播后改播前，并加入人工审核。S \ A \ B将获得相应的基础推广资源，再结合数据、口碑、价值观等要素，通过算法增加曝光。C级则无。

这种由用户来决定价值分配的方式，不管是对企业，还是对合作方，都是一个较为公平、公正的分配方法。